第二次改訂版

既存鉄骨造

学校建物の耐力度測定方法

既存鉄筋コンクリート造・鉄骨造・
木造・補強コンクリートブロック造
学校建物の耐力度測定方法編集委員会［編］

第一法規

1級さび（形鋼）

1級さび（軽量形鋼）

2級さび（軽量形鋼接合部）

3級さび（軽量形鋼）

4級さび（軽量形鋼）

5級さび（軽量形鋼）

a)

b)

不完全なALCパネルの取り付け部の例　a) b)

ALCパネルの脱落例

中程度のさびの例
（幅及び厚さが約2％減少）

中程度のさびの例
（アンカーボルトのネジ山はある）

重度のさびの例
（ウェブが溶け落ちている）

重度のさびの例（アンカーボルトのネジ山が溶けて無い）

ブレースのたわみの例

モルタル仕上げの外壁の脱落例

目　　次

第1章　概　　　要 ……………………………………………………………………… 1

 1.1　基本方針と適用範囲 ………………………………………………………… 2

  1.1.1　基本方針 …………………………………………………………………… 2

  1.1.2　適用範囲 …………………………………………………………………… 3

 1.2　耐力度測定項目の考え方 …………………………………………………… 5

  1.2.1　耐力度の算出方法 ………………………………………………………… 5

  1.2.2　構造耐力 …………………………………………………………………… 8

  1.2.3　健全度 ……………………………………………………………………… 8

  1.2.4　立地条件 …………………………………………………………………… 8

第2章　耐力度調査票 …………………………………………………………………… 11

第3章　耐力度調査票付属説明書 …………………………………………………… 15

 3.1　一般事項 ……………………………………………………………………… 16

 3.2　測定方法 ……………………………………………………………………… 17

  3.2.1　調査票のⅠ～Ⅲの記入方法 …………………………………………… 17

  3.2.2　Ⓐ構造耐力の記入方法 ………………………………………………… 17

  3.2.3　Ⓑ健全度の記入方法 …………………………………………………… 19

  3.2.4　Ⓒ立地条件の記入方法 ………………………………………………… 22

  3.2.5　図面の記入方法 ………………………………………………………… 23

第4章　耐力度調査票付属説明書の解説 ………………………………………… 25

 4.1　構造耐力 ……………………………………………………………………… 26

  4.1.1　構造耐力の測定範囲 …………………………………………………… 26

 4.2　健全度 ………………………………………………………………………… 37

  4.2.1　健全度の測定範囲 ……………………………………………………… 37

  4.2.2　経年変化 ………………………………………………………………… 37

  4.2.3　筋かいのたわみ ………………………………………………………… 38

  4.2.4　鉄骨腐食度 ……………………………………………………………… 39

  4.2.5　非構造部材等の危険度 ………………………………………………… 40

  4.2.6　架構剛性性能 …………………………………………………………… 47

  4.2.7　不同沈下量 ……………………………………………………………… 48

4.2.8	火災による疲弊度	49
4.2.9	地震等による被災歴	50
4.3	立地条件	52
4.3.1	地震地域係数	52
4.3.2	地盤種別	52
4.3.3	敷地条件	52
4.3.4	積雪寒冷地域	54
4.3.5	海岸からの距離	54

第5章　耐力度調査票作成上の留意事項 ………………………… 55

5.1	一般事項	56
5.1.1	調査責任者	56
5.1.2	調査対象建物	56
5.1.3	調査単位	56
5.1.4	測定項目	57
5.2	留意事項	58
5.2.1	一般的留意事項	58
5.2.2	構造耐力測定上の留意事項	58
5.2.3	健全度測定上の留意事項	59
5.2.4	立地条件測定上の留意事項	61
5.2.5	調査票の作成と添付資料	63

第6章　耐力度調査チェックリスト …………………………… 65

耐力度調査チェックリスト　―鉄骨造―	66

第7章　耐力度測定報告書作成例 ……………………………… 71

7.1	例1〔2階建て園舎〕	71
7.2	例2〔屋内運動場（RSタイプ）〕	87

付　　録 …………………………………………………………… 109

付1	公立学校施設費国庫負担金等に関する関係法令等の運用細目（抄）	110
付2	学校施設環境改善交付金交付要綱（抄）	111
付3	建築基準法施行令に基づく Z の数値、Rt 及び Ai を算出する方法並びに地盤が著しく軟弱な区域として特定行政庁が指定する基準（抄）	116
付4	義務教育諸学校等の施設費の国庫負担等に関する法律（抄）	118

付 5　義務教育諸学校等の施設費の国庫負担等に関する法律施行令（抄）······················ 119

付 6　義務教育諸学校等の施設費の国庫負担等に関する法律施行規則（抄）·················· 120

第1章　概　　要

2 第1章 概 要

1.1 基本方針と適用範囲

1.1.1 基 本 方 針

　本編は鉄骨造（校舎、屋内運動場、寄宿舎）の耐力度測定方法について記したものである。鉄骨造（以下、「S造」という）についても鉄筋コンクリート造（以下、「RC造」という）と同様に、公立学校施設においての建物の「Ⓐ構造耐力」、「Ⓑ健全度（経年による耐力・機能の低下に関する評価項目、旧手法におけるⒷ保存度に相当）」、「Ⓒ立地条件」の3点の項目を総合的に調査し、建物の老朽化を評価するものである。この耐力度測定は、例えば日本建築防災協会の「既存鉄骨造建築物の耐震診断指針」のように絶対的な合否を測定するものではなく、相対的な危険度を調べるものであるため、また、調査に要する費用を出来るだけ低く抑えることを条件としているので、測定の作業は比較的簡単になっており、詳細な測定を行うほど評価点が低くなるようになっている。したがって評価点が高くても、それが直ちに安全な建物を意味するわけではない。

　この測定方法をまとめた「耐力度調査票」は「義務教育諸学校等の施設費の国庫負担等に関する法律（以下、「義務法」という）」の施行規則に、昭和58年4月1日付の改正によって別表第四として追加され、この調査票による耐力度測定の結果、構造上危険と判定された建物は国庫補助の対象とすることになっており、平成13年度には全面的な改定が行われた。

　その後文部科学省では、平成25年度に構造躯体の長寿命化やライフラインの更新などによる建物の耐久性向上、省エネ化や多様な学習内容、学習形態を可能とする環境の提供など現代の社会要請に応じた改修を支援する「長寿命化改良事業」が創設された。また昭和56年以前の基準で建てられた施設の耐震化も進み、ほぼ全ての公立学校の施設が新耐震設計基準相当の耐震性能を満たすようになった。

　今回の改定では、基準点以下の建物で改築する際に想定される建物の状況を想定しつつ、主として「Ⓐ構造耐力」と「Ⓑ健全度（旧手法におけるⒷ保存度に相当）」に関する測定項目の再整理と加除を行い、全面的な改正を行うものである。今回の改定のもう一つの特徴は、耐力度の測定に当たって、昭和56年に施行されたいわゆる新耐震設計基準と呼ばれる現行の耐震基準以前の基準で建てられた学校建物の大部分で既に実施されている耐震診断の結果を活用することで、調査並びに測定の作業負担の軽減を図っている点である。すなわち、これまでの許容応力度計算による建築時の性能に基づいた従前の評価から、耐震診断の結果を活用することで、耐力度測定時の調査並びに測定の作業負担の軽減を図った点が、根本的に変更した点である。

　また、平成13年版では明らかに耐力度が低いと見込めるS造屋内運動場については、「耐力度簡略調査」による評価法が示されていたが、新耐震設計基準以前の屋内運動場についてはほぼ全ての建物が耐震診断を終えていること、耐震診断の方法による評価方法が普及している

こと、電算プログラムによる計算も広く行われており耐震診断の手法により比較的容易に評価できると考えられることから、「耐力度簡略調査」にはよらないこととした。

1.1.2 適 用 範 囲

対象とする建物はS造の場合、校舎、屋内運動場及び寄宿舎である。既存建物としては屋内運動場が多い。調査対象建物の建築年代、耐震診断の実施状況に応じて、以下の方法による評価を行う。

⑴ 新耐震設計基準以前の建物で耐震診断が実施されていないもの

昭和56年に施行された現行の耐震基準以前の基準で建てられた建物であるが耐震診断が未実施であるものについては、耐震診断の手法を用いて構造耐力の評価を行う。

⑵ 新耐震設計基準以前の建物で耐震診断が実施されているもの

昭和56年に施行された現行の耐震基準以前の基準で建てられた建物であり耐震診断が実施されているものについては、耐震診断結果を用いて評価を行う。

⑶ 新耐震設計基準の建物

昭和56年に施行されたいわゆる新耐震設計基準と呼ばれる現行の耐震基準に従って建てられた建物については、構造上の問題点がなければ、構造耐力に関わる評点を満点として評価を行う。

本編はS造の建物を対象としているが、非木造の学校建物にはS造とRC造が併用されたものがある。S造とRC造が併用された建物としては、図1.1(a)に例示する柱の中間のギャラリーから下がRC造（または鉄骨鉄筋コンクリート造）でそれより上部がS造（以下、「混合構造」という）のRSタイプと呼ばれる屋内運動場や、図1.1(b)に例示するRC造校舎の上にS造の屋内運動場を作ったもの（以下、「複合構造」という）、図1.1(c)に例示するRC架構に鉄骨屋根を載せたRタイプと呼ばれる屋内運動場がある。これらの扱いを以下に示す。

1) 混合構造（RSタイプ）の屋内運動場については、耐震診断結果による評価を行う場合には、構造耐力についてはRC部分、鉄骨部分それぞれのIs値の最小値を採用し、健全度、立地条件についてはS造として、本編で評価する。
2) 複合構造については、柱脚部を含むS造部分については本編で、RC造部分については「鉄筋コンクリート造建物編」に従って耐力度を評価する。
3) RC架構に鉄骨屋根を載せたRタイプと呼ばれる屋内運動場については、「鉄筋コンクリート造建物編」に従って耐力度を評価する。

4　第1章　概　要

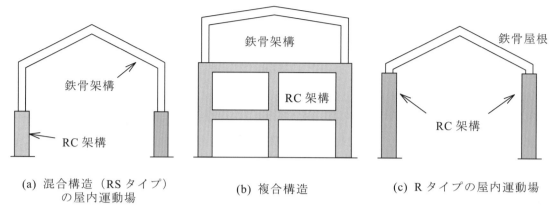

(a) 混合構造（RSタイプ）の屋内運動場　　(b) 複合構造　　(c) Rタイプの屋内運動場

図 1.1　S造とRC造が併用された建物

1.2 耐力度測定項目の考え方

1.2.1 耐力度の算出方法

1.1.1 項に述べた通り、耐力度の測定項目は

- Ⓐ 構造耐力　　　　（100 点満点）
- Ⓑ 健全度　　　　　（100 点満点）
- Ⓒ 立地条件　　　　（係数 0.8〜1.0）

の 3 つに大別され、それぞれの評点の積で耐力度を算出し、10,000 点満点で評価する。3 つの大項目の下にどのような中小項目を含めるか、また、それらをどのように組み合わせるかについては、S 造の特徴を反映したものになっている。

各測定項目における平成 13 年版からの変更点は以下のようになっている。

Ⓐ 構造耐力

平成 13 年版では、耐力度測定を行う建物が新築時においてどの程度の耐力があったかを、架構耐力性能（60 点満点）、架構剛性性能（20 点満点）、基礎構造（20 点満点）の合計で評価していた。

構造耐力の 6 割を占める架構耐力性能は、許容応力度設計における検定比の逆数の形で表されており、新築時の構造耐力が許容応力度設計においてどの程度に評価されるかが耐力度調査のベースとなっていた。また、架構剛性、基礎構造の評点がそれぞれ 2 割を占めていたが、今回の改定では耐震診断の手法で算定される Is 値に基づいて評価することとした。これは、相対的に危険度が高いと考えられる建築後年数を経た施設において耐震化が進み、昭和 56 年に施行されたいわゆる新耐震設計基準と呼ばれる現行の耐震基準以前の基準で建てられた学校建物の大部分で耐震診断・耐震補強が既に実施されていることから、耐震診断の結果を活用することで、調査並びに測定の作業負担の軽減を図ったことによる。また、地震に対する構造性能を表す Is 値では評価できない風荷重や雪荷重に対する危険度については、鉛直荷重、風荷重に対する検討を行い、危険度を評点に反映することとした。

なお、評価には原則実施済みの耐震診断結果（耐震補強が行われた建物については補強後の値）を用いるが、地震で被災し現状復旧による補修工事を行った場合など、建築後の状態の変化があり構造耐力などが設計時の想定とは異なると考えられる場合や、超音波探傷検査を行うことで溶接部に欠陥が発見される可能性が考えられる場合、アンカーボルトのはしあきが不足しており柱脚部の耐力に問題があることが想定される場合など、耐震診断時には実施していなかった測定項目や、後にわかった新たな知見を踏まえると診断結果に修正がでると考えられる場合については、必要な再調査を行った上で改めて耐震診断を実施し、その結果による評価を行ってよいこととした。また、新耐震設計基準の建物についても、地震で被災し原形復旧によ

6　第1章　概　要

る補修工事を行った場合など、建築後の状態の変化があり構造耐力などが設計時の想定とは異なると考えられる場合や、超音波探傷検査による調査を行うと溶接部に欠陥が発見されると考えられる場合、変形能力に問題があることがわかった筋かい材が使用されている場合など、新耐震設計基準の施行後にわかった新たな知見を踏まえると構造耐力などが設計時の想定とは異なると考えられる場合については、必要な調査を行った上で耐震診断の手法を用いて、現状を反映した評価をしてよいこととした。また、耐震診断の結果と併せて積雪荷重、風荷重に対する検討を実施し、評価に反映する。

　架構剛性性能については、比較的剛性の低い建物が多い鉄骨構造の場合、架構の剛性（変形）は構造耐力よりは非構造部材の危険度との関係が強いことから、今回の改定では健全度の評価項目に移した。

　基礎構造については、比較的重量の小さな鉄骨構造の場合、大地震での基礎構造の被害は地盤被害に伴う場合が多いこと、基礎構造に問題がある場合には不同沈下が起こると考えられること、不同沈下については健全度における評価項目となっていること（平成13年版でも保存度の評価項目になっている）から評価項目から外した。なお、地盤被害に対する危険度の評価項目としては、立地条件に敷地条件の評価項目を追加している。

　なお、構造耐力の評価を、新築時の構造性能ではなく現状の耐震性能の指標である Is 値をベースとする変更を行ったことにより、次項における健全度の評価も、平成13年版における保存度の評価から大きく変更することになった。

Ⓑ　健全度

　平成13年版では、耐力度測定を行う建物が新築時以降に老朽化した度合いを調べ、構造体の劣化を評価することを、経過年数（30点満点）、鉄骨腐食度（20点満点）、座屈状況（15点満点）、柱の傾斜角（5点満点）、不同沈下量（5点満点）、接合方式（25点満点）の合計に、火災による疲弊度（被災状況に応じた係数で0.5～1.0）を乗じて評価していた。

　今回の改定では、耐震診断結果である Is 値を構造耐力の指標としたことから、調査時点における構造躯体の状況や部材・接合部の変形性能については基本的に構造耐力に反映されること、一方、近年の地震被害などを鑑み、構造体だけで無く落下などによる人体への直接的な危険要因となる非構造部材・設備などを含めた建物全体の危険度を評価する必要があることから、非構造部材・設備なども含めた調査時点における建物の危険度を「健全度」として評価することとした。そのため、評価項目や配点なども大幅に変更し、経年変化（25点満点）、筋かいのたわみ（10点満点）、鉄骨腐食度（10点満点）、非構造部材等の危険度（30点満点）、架構剛性性能（15点満点）、不同沈下量（10点満点）の合計に、火災による疲弊度（被災状況に応じた係数で0.5～1.0）と地震等による被災歴（被災状況に応じた係数で0.8～1.0）を乗じて評価することにした。

　平成13年版の評価項目のうち、経過年数については、今回の改定では配点をやや減じ、評

価式も修正した。配点をやや減じたのは、構造耐力を Is 値で評価することで、構造耐力にも経年による劣化がある程度反映されることなど、全体の配点のバランスを考慮したことによる。評価式については、平成13年版では構造種別ごとの減価償却に対応した評価式となっていたが、今回の改定ではRC造と同じ評価式とした。また、鉄骨腐食度についても評価を見直し配点を減じた。評価を見直し配点を減じたのは、耐震診断時点における腐食による構造部材・接合部における耐力・変形性能の低下は基本的に耐震診断結果に反映されていることによる。今回の改定では、診断後の腐食の進行や、新耐震設計基準の建物などで改めて耐震診断を行わない場合に腐食による構造性能の低下を評価することとした。配点も全体の評点のバランスを検討し再設定した。

また、平成13年版の評価項目のうち、座屈状況、柱の傾斜角、接合方式は今回の評価項目から外した。これは、上部構造における構造部材・接合部の調査時点での状況・性能は耐震診断結果に反映されることによる。今回の改定では、非構造部材や設備なども含めた建物全体の危険度を評価するため、筋かいのたわみ、非構造部材等の危険度の評価項目を追加した。特に非構造部材等の危険度は、S造は壁などの非構造部材がRC造のように構造体とは一体となっておらず、また取り付けられる構造体の剛性が低いことで、地震時に構造体自体が比較的大きく変形することから、非構造部材や設備の剥離、落下による被害が多発しているという、鉄骨構造の特徴を反映したものである。筋かいのたわみは、筋かいのたわみに伴う架構の剛性低下によって風外力や地震外力を受けた場合に変形が増大することで、非構造部材の劣化・損傷が進行することを評価する項目である。同様の理由で、平成13年版では構造耐力の評価項目にあった架構剛性性能の評価項目を健全度の評価項目に移した。不同沈下については、評価項目として残しただけで無く、配点を増やした。配点を増やしたのは、構造耐力の評価において基礎構造の評価項目を外したことによる。

このほか、被災状況に応じて評点に掛ける係数として、火災による疲弊度（平成13年版と同じ）に加え地震による被災歴を加えた。これは、地震等で被災した建物では、非構造材の取り付け部などに損傷が残っている場合があることや、周辺も含めた損傷箇所の取り替えのような大規模な補修を伴わない程度の損傷を受けた構造部材では、耐力は被災前同様であっても塑性化の程度に応じて変形能力が低下していることによる。そのため、地震による被害を受けた場合には、健全度の評点を低減するようにした。

ⓒ　立地条件

平成13年版の評価項目である地震地域係数、地盤種別、積雪寒冷地域、海岸からの距離に加え、敷地条件の評価項目を追加するとともに、いずれも建物が置かれている自然環境に対する測定項目であることから名称を「立地条件」とした。これは、傾斜地や盛土に建設されたS造の文教施設において、平坦地に比べて地震被害が大きくなる傾向が見られることによる。

8　第1章　概　要

1.2.2　構 造 耐 力

　構造耐力は耐震診断結果（耐震補強が行われた建物については補強時の値）である Is 値に基づき 100 点満点で評価する。ここで Is 値は地域係数を $Z = 1.0$、振動特性係数を $Rt = 1.0$ として計算した値を用い、各方向各階の中での最小値をとる。また、新耐震設計基準以前の建物については、鉛直荷重、風荷重に対する検討を実施し、評点に反映する。

　構造耐力の評価において Is 値を使用するのは、相対的な危険度が高いと考えられる建築後年数を経た施設において耐震化が進み、昭和 56 年に施行されたいわゆる新耐震設計基準と呼ばれる現行の耐震基準以前の基準で建てられた学校建物の大部分で耐震診断・耐震補強が既に実施されていることから、耐震診断の結果を活用することで、調査及び測定の作業負担の軽減を図ったことによる。

　構造耐力は次のような項目によって評価されている。

　　　　○　架構耐力評価　α　　　　　　　　　　　　　　　　　　（100 点満点）

1.2.3　健 　全 　度

　耐力度測定をする建物が新築時以降に老朽化した度合いを調べ、構造体の劣化を評価するものであり、健全度は次のような項目から構成されている。

　　　　①　経年変化　T　　　　　　　　　　　　　　　　　　　　（25 点満点）
　　　　②　筋かいのたわみ　　L　　　　　　　　　　　　　　　　（10 点満点）
　　　　③　鉄骨腐食度　F　　　　　　　　　　　　　　　　　　　（10 点満点）
　　　　④　非構造部材等の危険度　W　　　　　　　　　　　　　　（30 点満点）
　　　　⑤　架構剛性性能　θ　　　　　　　　　　　　　　　　　　（15 点満点）
　　　　⑥　不同沈下量　ϕ　　　　　　　　　　　　　　　　　　　（10 点満点）
　　　　⑦　火災による疲弊度　S　　　　　　　　　　　　　（係数 0.5～1.0）
　　　　⑧　地震等による被災歴　E　　　　　　　　　　　　（係数 0.8～1.0）

　全ての項目について劣化が無ければ健全度は 100 点となる。劣化の著しいものほど各項目の値は小さくなっていく。

1.2.4　立 地 条 件

　建物の立地条件に応じて、将来の構造耐力及び健全度に影響を及ぼすと考えられる項目を測定するものであり、立地条件は次のような項目から構成されている。

　　　　①　地震地域係数　　　　　　　　　　　　　　　　　　（係数 0.8～1.0）
　　　　②　地盤種別　　　　　　　　　　　　　　　　　　　　（係数 0.8～1.0）
　　　　③　敷地条件　　　　　　　　　　　　　　　　　　　　（係数 0.8～1.0）
　　　　④　積雪寒冷地域　　　　　　　　　　　　　　　　　　（係数 0.8～1.0）

⑤　海岸からの距離　　　　　　　　　　　　　　　　　　　　　（係数 0.8〜1.0）

第 2 章　　耐力度調査票

別表第2（表面）

鉄骨造の建物の耐力度調査票

Ⅰ 調査学校

都道府県名	設置者名	学校名	学校調査番号

	職名		氏名	印
調査者		会社名	一級建築士登録番号	
予備調査者			氏名	印
			一級建築士登録番号	

Ⅱ 調査建物

棟番号	階数	建物区分	面積	
	+		一階面積　　m²	
			延べ面積　　m²	

建物の経過年数

	建築年月	長寿命化年月
	経過年数　　年	経過年数　　年

補修歴

補修 年月 ～ 平成 年 月 日	補修内容
補修年　　年	

被災歴

被災種類	被災年
	被災 年　　年

Ⅲ 結果

	構造耐力	点
Ⓐ		点
Ⓑ	健全度	点
Ⓒ	立地条件	点

Ⅳ 耐力度

Ⅴ 基準点より

	点数	A×B×C
	耐力度	点

Ⓐ

	鉛直荷重時	暴風時

応力比 f/σ≦1.0

応力比 f/σ<1.0	
1/500<φ<1/120	直線補間
1/120≦φ	0.5

判別式

S=0	1.0
0<S<1	直線補間
S=1	0.5

評価 （ホ）　　　点

程度	構造体変質 S₁	非構造材全焼 S₂	非構造材半焼 S₃	煙害程度 S₄	当該階の床面積 S₀	被災率 S $S = S_t / S_0$
被災床面積						
評価後被災 Sₜ / 評価面積	$S_t = S_1 + S_2 \times 0.75 + S_3 \times 0.5 + S_4 \times 0.25 =$					

⑦ 火災による波弊度 S

被災歴なし 被災度区分軽微	被災度区分小破 補修工事済み	被災度区分中破 補修工事済み	被災度区分大破 補修工事済み
1.0	0.95	0.9	0.8

評価 （ヘ）　　　点

⑧ 地震等による被災歴 E

Ⓒ 立地条件

① 地震地域係数		② 地盤種別		③ 敷地条件		④ 積雪寒冷地域		⑤ 海岸からの距離	
四種地域	1.0	一種地盤	1.0	平坦地	1.0	その他地域	1.0	海岸から8kmを超える	1.0
三種地域	0.9	二種地盤	0.9	傾斜地 崖地（3m未満）	0.9	二級積雪寒冷地域	0.9	海岸から8km以内	0.9
二種地域	0.85	三種地盤	0.8	崖地（3m以上）	0.8	一級積雪寒冷地域	0.8	海岸から5km以内	0.8
一種地域	0.8								

評価

$$C = \frac{①+②+③+④+⑤}{5} = \frac{+ \ + \ + \ +}{5} =$$

（裏面）

1. 調査建物の各階の平面図，断面図を単線で図示し，筋かいの位置は，他の壁と区別できるような太線とする。

2. 寸法線と寸法（単位メートル）を記入する。

3. 著しいさびについては，平面図，断面図に図示する。

4. 余白に縮尺，建築年，延べ面積を記入する。

学 校 名	調 査 者 の 意 見

別表第2

鉄骨造の建物の耐力度調査票（表面）

I 調査学校

都道府県名	設置者名	学校名	学校調査番号	調査期間	調査者	予備調査者
				平成 年 月 日 ～ 平成 年 月 日	氏名／職名／一級建築士登録番号	氏名／職名／会社名／一級建築士登録番号

II 調査建物

建物区分	棟番号	棟名	階数	面積	建物の経過年数	補修歴	被災歴
			一階 ＋ 階	一階面積 m²／延べ面積 m²	建築 年 月／長寿命化年月／経過年数／経過年数	補 修 内 容 年 月 日	種類／被災年／被災 年 月 日

IV・V 種別／結果

種別	結果	評点／度数
Ⅲ 構造耐力	(A)	Ⓐ×(B)×ⓒ 耐力度 点
Ⓐ 健全度	(B) 健全度	点
ⓒ 立地条件		点

Ⓐ 構造耐力

架構耐力評価 α

方向	Qu/ΣW	F	Ai	Eoi	Isi
階 桁行方向 X					
張間方向 Y					

1981年以前の場合

部材	鉛直荷重時 許容応力 f／作用応力 σ／f/σ	積雪時 f／σ／f/σ	暴風時 f／σ／f/σ	応力比 f/σ≦1.0
はり 中央／両端／平均				鉛直荷重時 a 1.00／暴風時 b 1.00
柱 中央／両端／平均				鉛直荷重時 c 1.00／暴風時 d 1.00
筋かい				

Bα = min(a,1)×min(b,1)
sα = min(c,1)×min(d,1)
rα = min(Bα, sα)
α = 50×(min(Is,0.7)+1.3)×rα

α評点 Ⓐ＝ⓐ 点

Ⓑ 健全度

① 経年変化 T
判別式（建築時からの経過年数）T=(40-t)/40＝
判別式（長寿命化改良後の経過年数）T=(30-t₂)/40＝
経過年数 t 年／経過年数 t₂ 年
評 ⑦ 点／ⓐ（⑦×25）点

② 筋かいのたわみ L
桁行方向／張間方向／屋根面／有・無
最低値 L／L=
評 ⑦ 点／ⓐ（⑦×10）点

健

③ 鉄骨腐食度 F
部材区分／断面欠損を伴う腐食（無 1.0）／断面欠損を伴う腐食（10%以上の減厚 0.5）／断面を貫通する腐食 0.0
主要構造材 1.0 0.5 0.0／非主要構造材 1.0 0.5 0.0
最低値 F／F=
評 ⑦ 点／ⓐ（⑦×10）点

④ 非構造部材等の危険度 W
危険な要因1(0.8) 危険な要因2(0.6) 危険な要因3(0.5)／危険要因無し(1.0)
評価 W=
評 ⑭ 点／ⓐ（⑭×30）点

全

⑤ 架構剛性性能 θ
階高 h／層間変位 δ／θ=δ/h
桁行方向X／張間方向Y／θの最大値
判別式 θ≦1/200 1.0／1/200<θ<1/120 直線補間／1/120≦θ 0.5
評 ⑦ 点／ⓐ（⑦×15）点

⑥ 不同沈下量 φ
スパン L／相対沈下量 ε／φ=ε/L
桁行方向X／張間方向Y／φの最大値
判別式 φ≦1/500 1.0／1/500<φ<1/120 直線補間／1/120≦φ 0.5
評 ⑦ 点／ⓐ（⑦×10）点

度

⑦ 火災等弊害 S
構造体／非構造材／被災床面積 S₁／評価後被災面積 S₁
変 質／全 焼 S₂／半 焼 S₃／燻害程度 S₄
煙害程度 当該階の床面積 S₀
被災率S S=S₁/S₀／S=S₁+S₂×0.75+S₃×0.5+S₄×0.25
判別 式 S=0 1.0／0<S<1 直線補間／S=1 0.5
評 ⑧ 点／ⓐ（⑧×10）点

⑧ 地震等被災歴 E
程度／被災歴なし 1.0／被災度区分小破 補修工事済み 0.95／被災度区分中破 補修工事済み 0.9／被災度区分大破 補修工事済み 0.8／被災度区分軽微
評 ⑧ 点

評点合計

⑦＝（①+③+⑤ +⑦+⑨+ⓐ）点
(B)=⑦×min(⑧,ⓐ)
(B) 点

ⓒ 立地条件

① 地震地域係数	② 地盤種別	③ 敷地条件	④ 積雪寒冷地域	⑤ 海岸からの距離
四種地域 1.0	一種地盤 1.0	平坦 1.0	その他地 1.0	海岸から8kmを超える 1.0
三種地域 0.9	二種地盤 0.9	傾斜地（3m未満） 0.9	三級積雪寒冷地域 0.9	海岸から8km以内 0.9
二種地域 0.85	三種地盤 0.8	崖地（3m以上） 0.8	二級積雪寒冷地域 0.8	海岸から5km以内 0.8
一種地域 0.8			一級積雪寒冷地域 0.8	

評価
ⓒ＝（①+②+③+④+⑤）/5 = + + + + /5 =

ⓒ 評点

（裏面）

1. 調査建物の各階の平面図、断面図を単線で図示し、筋かいの位置は、他の壁と区別できるような太線とする。
2. 寸法線と寸法（単位メートル）を記入する。
3. 著しいきずについては、平面図、断面図に図示する。
4. 余白に縮尺、建築年、延べ面積を記入する。

学 校 名

調 査 者 の 意 見

方位

学校名

調査者の意見

第 3 章　　耐力度調査票付属説明書

16   第3章　耐力度調査票付属説明書

3.1　一般事項

(1)　調査対象学校　　公立の小学校、中学校、義務教育学校、高等学校、中等教育学校、特別支援学校及び幼稚園とする。

(2)　調査対象建物　　当該学校のS造の校舎、屋内運動場及び寄宿舎とする。

(3)　調査単位　　　　校舎、屋内運動場及び寄宿舎の別に、棟単位（エキスパンションジョイントがある場合は別棟とみなす）、建築年単位（建築年が異なるごとに別葉）で測定する。

(4)　調査票　　　　　公立学校施設費国庫負担金等に関する関係法令等の運用細目（以下、「運用細目」という）の別表第2の様式とする。

(5)　その他　　　　　架構にS造とRC造を併用している場合は、当該RC造部分についてRC造の調査票も作成する。

3.2 測 定 方 法

調査単位ごとに耐力度調査票を用い、以下の説明に従い測定する。

3.2.1 調査票のⅠ～Ⅲの記入方法

Ⅰ 調査学校	都道府県名	都道府県名を記入する。
	設置者名	当該学校の設置者名を記入する。
	学校名	学校名は○○小、○○中のように記入する。
	学校調査番号	当該学校の施設台帳に登載されている調査番号を記入する。
	調査期間	耐力度測定に要した期間を記入する。
	調査者 予備調査者	調査者の職名、建築士登録番号（一級建築士に限る）及び氏名を記入し、捺印する。予備調査者は欄外へ会社名、建築士登録番号（一級建築士に限る）及び氏名を記入し、捺印する。
Ⅱ 調査建物	建物区分	調査単位の建物区分（校舎、屋内運動場及び寄宿舎の別）を記入する。
	棟番号	調査単位の施設台帳に登載されている棟番号（枝番号がある場合は、枝番号まで）を記入する。
	階数	調査単位の階数を（地上階数＋地下階数）のように記入する。
	面積	調査単位の1階部分の床面積及び延べ面積を記入する。
	建築年月 長寿命化年月	調査単位の建築年（和暦）及び月を記入する。（例）〔S45年3月〕 調査単位の長寿命化改良事業の工事が完了した年（和暦）及び月を記入する。
	経過年数	耐力度測定時における新築からの経過年数を記入する。学校施設環境改善交付金交付要綱別表1第2項に記載する長寿命化改良事業を行った建物については、長寿命化改良事業の工事が完了した時点からの経過年数を括弧書きで併記する。いずれも1年に満たない端数がある場合は切り上げるものとする。
	被災歴	調査建物が災害を受けていた場合はその種類と被災年を簡明に記入する。地震で被災し、被災度区分判定が行われている場合には被災度も記入する。 （例）〔震災・小破／H23年〕
	補修歴	当該建物に構造上の補修を行った場合はその内容と補修年を簡明に記入する。 （例）〔筋かい取替／H23年〕
Ⅲ 結果点数	Ⓐ 構造耐力 Ⓑ 健全度	判別式の結果…小数点第3位を四捨五入 評点…………小数点第2位を四捨五入 評点合計………小数点第1位を四捨五入
	Ⓒ 立地条件	係数を小数点第2位まで記入する。
	耐力度	Ⓐ×Ⓑ×Ⓒ の計算をしたうえ、小数点第一位を四捨五入する。

3.2.2 Ⓐ構造耐力の記入方法

⑴ 目的

この欄は耐力度測定を行う建物が現時点において、どの程度耐力があるかを評価するものである。

18　第3章　耐力度調査票付属説明書

(2)　構造耐力の測定範囲

　耐力度測定は当該建物及びその設計図書によって建築年が異なるごとに行うが、耐震診断時の建物区分、算定範囲等を確認して適切に結果を運用する必要がある。

　また、一棟のうち一部が基準点を下回り、かつ、取り壊し対象となる場合は、その部分を取り壊したものとして残りの部分の構造耐力を再評価してもよい。

　設計図書は耐震診断・補強時のものを使用する。診断・補強時の設計図書で不足する場合には、原設計時の設計図書を参照するか、現地調査により不足分を追加して検討する。

(3)　各欄の記入説明

○　架構耐力評価：α

　構造耐力については、新耐震設計基準以前の建物については、1)に基づき算定した各層各方向の耐震診断結果 Is 値（耐震補強が行われた建物については補強時の値）の最小値と、2)に基づき算定した鉛直荷重及び風荷重による作用応力度に対する許容応力度の比から、棟全体の構造耐力を評価する。

　新耐震設計基準の建物については、Is 値を 0.7 としてよい。なお、新耐震設計基準の建物であっても、必要に応じて1)及び2)に関して調査を行い、調査結果を構造耐力に反映する。

1)　地域係数を $Z = 1.0$、振動特性係数を $Rt = 1.0$ として計算した各階各方向の Is 値のうち、最小値を採用する。新耐震設計基準以降の建物であって、構造上問題点がないものについては、$Is = 0.7$ とし、評点の減点は行わない。

2)　新耐震設計基準以前の建物の場合には、各方向の代表的な一架構について、建築基準法施行令第81条〜第88条の関連規定による鉛直荷重及び風荷重による作用応力度に対する許容応力度の比（検定比の逆数）$_f\alpha$ を算定し、その最小値を評点に掛ける。新耐震設計基準以降の建物については、原則として $_f\alpha$ は満点（1.0）とするが、構造上問題点があるものについては $_f\alpha$ を算定し、その最小値を評点に掛ける。

$$_f\alpha = \min(_B\alpha, _S\alpha) \leqq 1.0$$

ここで、　$_B\alpha$：桁行方向における部材別の検定比の逆数のうち、鉛直荷重時の最低値に、暴風時の最低値（それぞれ 1.0 を上限とする）を乗じた値。

　　　　　$_S\alpha$：張間方向における部材別の検定比の逆数について、前記 $_B\alpha$ と同様に算定した値。なお、張間方向で、妻架構と中間架構のいずれの $_S\alpha$ の値が小さくなるか不明な場合は、両方について算定し、小さい方を採用する。

判別式　　$\alpha = 50 \times \{\min(Is, 0.7) + 1.3\} \times _f\alpha$

　　　　　新耐震設計基準の建物では $_f\alpha = 1.0$ とする。

3.2.3 Ⓑ健全度の記入方法

（1） 目的

この欄は耐力度測定を行う建物が建築時以降に老朽化した度合いを調べ、構造体の劣化を評価するものである。

（2） 健全度の測定範囲

測定は建築年が異なるごとに行うものとする。

（3） 各欄の記入説明

① 経年変化：T

当該建物の耐力度測定時における建築時からの経過年数、または長寿命化改良事業を行った時点からの経過年数に応じて経年変化Tを下式により計算する。

1） 建築後、長寿命化改良事業実施前

当該建物の耐力度測定時における、建築時からの経過年数tに応じて、経年変化Tを下式により計算する。ただし、Tがゼロ以下の場合は、$T = 0$とする。

$$T = (40 - t)/40$$

ここで、t：建築時からの経過年数

2） 長寿命化改良事業実施後

当該建物の耐力度測定時における、長寿命化改良事業を行った時点からの経過年数t_2に応じて、経年変化Tを下式により計算する。ただし、Tがゼロ以下の場合は$T = 0$とする。

$$T = (30 - t_2)/40$$

ここで、t_2：長寿命化改良事業実施後の経過年数

② 筋かいのたわみ：L

軸組筋かい（桁行方向、張間方向）、屋根面筋かいの状態を調べ、たわみが見られた場合には評点に反映する。

軸組筋かいや屋根面筋かいにたわみが見られない場合　$L = 1.0$
軸組筋かいや屋根面筋かいにたわみが見られる場合　　$L = 0.5$

③ 鉄骨腐食度：F

主要構造部材（柱、大梁、軸組筋かい、軒桁、柱脚）及び非主要構造部材（つなぎ梁、耐風梁、間柱、母屋、小屋筋かい等）それぞれについて鉄骨の腐食状態を調べ、その最も腐食が進

20　第3章　耐力度調査票付属説明書

んだ部材により評価する。なお、診断結果に腐食の影響が反映されている場合には、評点の減点は行わない。

　　　構造部材には断面欠損（減厚）を伴う腐食は発生していない

$$F = 1.0$$

　　　構造部材に断面欠損（10% 以上の減厚）を伴う腐食が発生している

$$F = 0.5$$

　　　構造部材に断面を貫通する腐食が発生している

$$F = 0.0$$

④　非構造部材等の危険度：W

　非構造部材や非構造部材の取り付け部、設備、二次部材（母屋・胴縁など）等の状態を調査し、危険の要因が見つかった場合には評点に反映する。非構造部材、設備機器、二次部材やそれらの取り付け部における危険の要因は

1）6 m 超の高さもしくは水平投影面積 200 m² 超に設置された単位面積質量 2 kg/m² 超の吊り天井の耐震対策が行われていない。
2）ラスモルタルや縦壁挿入筋構法の ALC パネルなど、変形追従性の乏しい壁が取り付けられている。
3）非構造部材の取り付け部が腐食している。
4）二次部材や二次部材の接合部に腐食や損傷が見られる。
5）硬化性シーリング材を用いたはめ殺しの窓ガラスが設置されている。
6）窓ガラスのサッシがスチールサッシである。
7）地震時に照明が落下する可能性がある（耐震対策が行われていない）。
8）地震時に設備（照明以外）が落下する可能性がある（耐震対策が行われていない）。
9）コンクリートブロックの外壁や間仕切りが設置されている。

が挙げられる。上記の他にも、地震時だけでなく通常使用時において破損・落下の危険性が危惧される部位が存在する場合には、1種類の項目ごとに危険の要因が一つあると数える。

　非構造部材、設備機器、二次部材等やそれらの取り付け部に

危険の要因は見られない場合　　　　$W = 1.0$

危険の要因が一つ存在する場合　　　$W = 0.8$

危険の要因が二つ存在する場合　　　$W = 0.6$

危険の要因が三つ以上存在する場合　$W = 0.5$

⑤ 架構剛性性能：θ

　新耐震設計基準以前の建物については、二方向の架構の架構剛性性能 θ（W（建築基準法施行令第87条に規定する風圧力）並びに K（同法施行令第88条に規定する地震力）で発生する層間変形）を下式により算出し、大きい方の値により評価する。

$$\theta = \delta/h$$

ここで、　h：階高

　　　　　δ：層間変位

判別式　　　　　　　$\theta \leqq 1/200$ ………… 1.0

　　　　$1/200 < \theta < 1/120$ ………… 直線補間

　　　　$1/120 \leqq \theta$ 　　　………… 0.5

⑥ 不同沈下量：ϕ

　各階の張間・桁行両方向について沈下量測定を行い、相対沈下量の最大値により評価する。なお、測定マークは構造体に設定することを原則とするが、それが困難な場合は構造体より1mの範囲内に設定する（例えば窓台等）。

$$\phi = \varepsilon/L$$

ここで、　ε：各方向の隣り合う柱間の相対沈下量

　　　　　L：隣り合う柱間の距離

判別式　　　　　　　$\phi \leqq 1/500$ または測定しない場合 ………… 1.0

　　　　$1/500 < \phi < 1/120$ 　　　　　　………… 直線補間

　　　　$1/120 \leqq \phi$ 　　　　　　　　　………… 0.5

⑦ 火災による疲弊度：S

　当該建物が耐力度測定時までに火災による被害を受けたことがある場合、その被害の程度が最も大きい階について被災面積を求め、その階の床面積に対する割合をもって評価する（表1）。

$$S = S_t/S_0$$

ここで、　S_t：$S_1 + S_2 \times 0.75 + S_3 \times 0.5 + S_4 \times 0.25$

　　　　　S_0：当該階の床面積

　　　　　S_1、S_2、S_3、S_4：表1の被災程度により区分される床面積

22　第3章　耐力度調査票付属説明書

表1　被災程度と床面積

被災面積	被　災　程　度　の　区　分
S_1	構造体変質： 火災により非構造材が全焼し、構造体が座屈したもの
S_2	非構造材全焼： 火災により非構造材が全焼し塗装が焼損したが、構造体には異常が認められないもの
S_3	非構造材半焼： 火災により非構造材が半焼したもの
S_4	煙害程度： 火災により煙害または水害程度の被害を受けたもの

判別式　　　　$S = 0$ ················· 1.0

　　　　　　$0 < S < 1$ ················ 直線補間

　　　　　　$S = 1$ ················· 0.5

⑧　地震等による被災歴：E

　被災歴が無いあるいは経験した最大の被災が被災度区分判定（日本建築防災協会「震災建築物の被災度区分判定基準および復旧技術指針」による、以下同様）で軽微に区分される場合

　　　　$E = 1.0$

　被災度区分判定で小破に区分される被害を受け、補修工事が行われている場合

　　　　$E = 0.95$

　被災度区分判定で中破に区分される被害を受け、補修工事が行われている場合

　　　　$E = 0.9$

　被災度区分判定で大破に区分される被害を受け、補修工事が行われている場合

　　　　$E = 0.8$

3.2.4　Ⓒ立地条件の記入方法

(1)　目的

　この欄は耐力度測定を行う建物の立地条件について調べるものである。

(2)　各欄の記入説明

①　地震地域係数

　地域区分は建設省告示第1793号（最終改正：平成19年国土交通省告示第597号）第1に

基づき、該当するものを○で囲む。

② 地盤種別

　地盤種別は基礎下の地盤を対象とし建設省告示第1793号（最終改正：平成19年国土交通省告示第597号）第2に基づき、該当するものを○で囲む。

③ 敷地条件

　建物が崖地の上端近くや傾斜地に建設されている場合には、該当するものを○で囲む。

④ 積雪寒冷地域

　積雪寒冷地域は義務教育諸学校等の施設費の国庫負担等に関する法律施行令第7条第5項の規定に基づき、該当する地域区分を○で囲む。

⑤ 海岸からの距離

　当該建物から海岸までの直線距離に該当する部分を○で囲む。

3.2.5　図面の記入方法

　調査対象建物の平面図、断面図等を記入する。
　建築年が異なる場合は1棟全体を記入し、調査対象の範囲を明示する。

第4章　　耐力度調査票付属説明書の解説

26 第4章 耐力度調査票付属説明書の解説

4.1 構 造 耐 力

4.1.1 構造耐力の測定範囲

> (2) 構造耐力の測定範囲
>
> 　耐力度測定は当該建物及びその設計図書によって建築年が異なるごとに行うが、耐震診断時の建物区分、算定範囲等を確認して適切に結果を運用する必要がある。
>
> 　また、一棟のうち一部が基準点を下回り、かつ、取り壊し対象となる場合は、その部分を取り壊したものとして残りの部分の構造耐力を再評価してもよい。
>
> 　設計図書は耐震診断・補強時のものを使用する。診断・補強時の設計図書で不足する場合には、原設計時の設計図書を参照するか、現地調査により不足分を追加して検討する。

　構造耐力の測定は、校舎、屋内運動場、寄宿舎別に棟単位で行うことを原則としている。一つの棟がエキスパンションジョイントで区切られている時は区切られた各部を一つの棟と考える。建物が何年度かにわたってエキスパンションジョイント無しに増築された場合は棟全体で評価する。

　調査に当たっては、設計図書がない場合はもちろんのこと、設計図書がある場合でも、現地調査によって現建物の実際を確かめることが推奨される。これは、健全度の測定においても必要であるとともに、S造においては、わずかな変更でも耐力に大きな影響を及ぼすことが多いからであり、特に接合部における溶接継目の種類・状態、接合ボルトの種別・本数・位置には注意を払う必要がある。設計図書と実際の主要部材、主要接合部が異なる場合には、図面を修正した上で、実際の状態に基づき評価する。

> (3) 各欄の記入説明
>
> ○ 架構耐力評価：α
>
> 　構造耐力については、新耐震設計基準以前の建物については、1）に基づき算定した各層各方向の耐震診断結果 Is 値（耐震補強が行われた建物については補強時の値）の最小値と、2）に基づき算定した鉛直荷重及び風荷重による作用応力度に対する許容応力度の比から、棟全体の構造耐力を評価する。
>
> 　新耐震設計基準の建物については、Is 値を 0.7 としてよい。なお、新耐震設計基準の建物であっても、必要に応じて 1）及び 2）に関して調査を行い、調査結果を構造耐力に反映する。
>
> 1）地域係数を $Z = 1.0$、振動特性係数を $Rt = 1.0$ として計算した各階各方向の Is 値のうち、最小値を採用する。新耐震設計基準以降の建物であって、構造上問題点がないものについては、$Is = 0.7$ とし、評点の減点は行わない。

2) 新耐震設計基準以前の建物の場合には、各方向の代表的な一架構について、建築基準法施行令第81条〜第88条の関連規定による鉛直荷重及び風荷重による作用応力度に対する許容応力度の比（検定比の逆数）$_f\alpha$ を算定し、その最小値を評点に掛ける。新耐震設計基準以降の建物については、原則として $_f\alpha$ は満点（1.0）とするが、構造上問題点があるものについては $_f\alpha$ を算定し、その最小値を評点に掛ける。

$$_f\alpha = \min(_B\alpha, {}_S\alpha) \leqq 1.0$$

ここで、　$_B\alpha$：桁行方向における部材別の検定比の逆数のうち、鉛直荷重時の最低値に、暴風時の最低値（それぞれ 1.0 を上限とする）を乗じた値。

$_S\alpha$：張間方向における部材別の検定比の逆数について、前記 $_B\alpha$ と同様に算定した値。なお、張間方向で、妻架構と中間架構のいずれの $_S\alpha$ の値が小さくなるか不明な場合は、両方について算定し、小さい方を採用する。

判別式　$\alpha = 50 \times \{\min(Is, 0.7) + 1.3\} \times {}_f\alpha$

新耐震設計基準の建物では $_f\alpha = 1.0$ とする。

構造耐力は地域係数を $Z = 1.0$、振動特性係数を $Rt = 1.0$ として計算した Is 値に基づき、鉛直荷重及び風荷重を考慮して総合評点を 100 点満点で評価する。Is 値は保有水平耐力と部材・接合部の塑性変形能力を総合的に表した値であり、新耐震設計基準の建物と同等の耐震性能を有しているかを判断できる値であるとともに、新耐震設計基準以前の建物では多くの場合、耐震診断・耐震補強時に既に評価されている。

1）Is 値

Is 値は、屋内運動場については「屋内運動場等の耐震性能診断基準」[1] に、校舎、寄宿舎等については「耐震改修促進法のための既存鉄骨造建築物の耐震診断および耐震改修指針・同解説」[2] によって算出する。なお、地域係数を $Z = 1.0$、振動特性係数を $Rt = 1.0$ として計算した値を使う。

また、S 造の建物では経年に伴い鋼材の腐食（さび）により断面欠損が生じると、耐力及び靭性が低下する。新耐震設計基準の建物を含め、耐力度調査の際に耐震診断を実施する場合には腐食の影響を考慮して耐力と靭性を評価し、改めて Is 値を算出して構造耐力に反映する。改めて耐震診断を行わない場合で、Is 値に鋼材の腐食（さび）の影響が反映されていない場合には、健全度において評価する。

① 旧耐震設計基準で設計された建物（診断済み）

新耐震設計基準以前の建物で耐震診断結果（耐震補強が行われた建物については補強後の

28　第4章　耐力度調査票付属説明書の解説

値）がある場合はその結果を用いるが、診断時・補強時からの経年によって建物の状態が変化することや、溶接部に対して超音波探傷検査を行うと新たな欠陥が発見されることもある。また、アンカーボルトのはしあきが不足しており柱脚部の耐力に問題がある場合など、診断時や補強時以降に明らかとなったあるいは周知された知見により危険箇所が見つかることもあることから、再調査を行った上で改めて耐震診断を行いその結果を用いてもよい。

② 旧耐震設計基準で設計された建物（未診断）

新耐震設計基準以前の建物で耐震診断が未実施のものについては耐震診断の手法を用いて Is 値を算定する。なお、現行の耐震診断において適用範囲外となっている軽量鉄骨構造の建物については、溶接部を板厚と等しいサイズの隅肉溶接と仮定し、耐震診断の手法を用いて評価を行う。

③ 新耐震設計基準で設計された建物

新耐震設計基準の建物で、構造上問題点がないものについては $Is = 0.7$ とするが、地震等で被災し現状復旧による補修工事を行った場合など、建築後の状態の変化があり構造耐力などが設計時の想定とは異なると考えられる場合や、超音波探傷検査による調査を行った結果溶接部に欠陥が発見された場合、変形能力に問題があることがわかった筋かい材が使用されている場合、アンカーボルトのはしあきが不足している場合など、新耐震設計基準の施行後に得られた新たな知見を踏まえると構造耐力などが設計時の想定とは異なると考えられる場合については、必要に応じて調査結果に基づき現状を反映した耐震診断を行い、Is 値を求める。

耐震補強を行った建物または新耐震設計基準の建物においても存在する構造上の問題点としては、以下のものが挙げられる。

a. 完全溶け込み溶接の欠陥

平成7年に発生した兵庫県南部地震では、多くのS造建物において、柱梁接合部での破断被害が発生した。その原因の一つとして、溶接部における施工・検査の問題が挙げられる。新耐震設計基準の建物であっても比較的古い建物では超音波探傷検査が行われていないものも多く、超音波探傷検査を行うと内部欠陥が見つかる場合がある。超音波探傷検査により内部欠陥が見つかった場合は、「屋内運動場等の耐震性能診断基準」[1]並びに「耐震改修促進法のための既存鉄骨造建築物の耐震診断および耐震改修指針・同解説」[2]を参考に接合部の耐力と靱性指標を評価する。また、外観検査によりアンダーカットやずれ、食い違いが見つかった場合には、状況に応じて接合部の耐力と靱性指標を評価する。

b. 隅肉溶接のサイズ不足

前述した完全溶け込み溶接の場合と同様、平成7年に発生した兵庫県南部地震を契機に、

隅肉溶接においても溶接部における施工・検査の問題が指摘された。新耐震設計基準の建物であってもサイズが設計図書通りであるか、有害な傷が見当たらないかなど外観検査を行い、必要に応じて接合部の耐力と靱性指標を評価する。

c. 建築用 JIS ターンバックルでないターンバックルブレースの変形能力不足

変形能力が保証された建築用 JIS ターンバックルが指定建築材料になったのは平成 12 年であり、それ以前の建物では建築用 JIS ターンバックルでないターンバックルブレースが使われている場合がある。それらの中には、変形能力のないものも含まれており、平成 23 年の東日本大震災では新耐震設計基準の体育館において軸部が塑性化する前に破断したものが見られた[3],[4]（写真 4.1）。建築用 JIS ターンバックルでないターンバックルブレースが使われている場合には、保有耐力接合されていない場合と同様とし、靱性指標を最低値（「屋内運動場等の耐震性能診断基準」[1] により診断する場合には 1.3、「耐震改修促進法のための既存鉄骨造建築物の耐震診断および耐震改修指針・同解説」[2] により診断する場合には 1.0）とする。

写真 4.1　新耐震設計基準の体育館における建築用 JIS ターンバックルでない
ターンバックルブレースの早期破断

d. 鋼管に一枚のガセットプレートが割り込まれた筋かいの変形能力不足

鋼管を軸材に用い、接合部において一枚のガセットプレートが割り込まれた筋かいが座屈すると、図 4.1 及び写真 4.2 に示すように割り込まれた鋼板と鋼管の境に塑性ヒンジができ、この部分に変形が集中する。また、一枚のガセットプレートで一面せん断により接合されていると、接合部自体に偏心曲げが生じることから座屈しやすい。このような被害は、平

成23年の東日本大震災では新耐震設計基準の体育館で見られた[3), 4)]が、図4.1に示すようなモードでの座屈に関する研究は比較的新しく[5), 6), 7)]、最近まで接合部に変形が集中して座屈することは意識されてこなかったことから、比較的新しい体育館でもこのような筋かいは使用されている。このような筋かいも軸部降伏前に接合部が破壊することから、最小断面で耐力を評価し、靱性指標についても保有耐力接合されていない場合と同様に最低値（「屋内運動場等の耐震性能診断基準」[1)]により診断する場合には1.3、「耐震改修促進法のための既存鉄骨造建築物の耐震診断および耐震改修指針・同解説」[2)]により診断する場合には1.0）とする。

図4.1　鋼管に一枚のガセットプレートが割り込まれた筋かいの座屈変形

写真4.2　新耐震設計基準で建てられた建物における鋼管に一枚のガセットプレートが割り込まれた筋かいの座屈

e.　伸び能力のないアンカーボルトが用いられた柱脚の変形能力不足

　平成7年兵庫県南部地震では、多くのS造建物で露出柱脚の破断被害が発生した。その原因として、露出柱脚をピンと仮定したことによりアンカーボルトに作用する引抜力が設計時に考慮されなかったこと、露出柱脚を半剛接と仮定して設計した場合であっても伸び能力が保証されたアンカーボルトが使用されなかったことが挙げられる。これを受けて、平成7年12月の建設省告示第1791号の改正により、柱脚において早期破断が生じる恐れがない

ことを確かめることが規定された。平成12年には、日本鋼構造協会が伸び能力が保証されたアンカーボルトABR、ABMの規格を制定した。これらの規定が制定される前に建設された建物では、新耐震設計基準の建物であっても柱脚の変形能力が不足している可能性があり、平成23年の東日本大震災では新耐震設計基準の体育館において柱脚アンカーボルトが破断したものが見られた[3], [4]（写真4.3）。近年では変形性能が保証された柱脚として一般評定を取得した工法も実用化されているが、設計図書によりABR、ABMの使用が確認できる場合や変形能力が保証された柱脚が使用されていることを確認できる場合（最近の建物に限られるので、一般に耐力度調査の対象となる建物では、伸び能力のないアンカーボルトが使用されていることが多い）を除き、保有耐力接合になっておらずかつ伸び能力のないアンカーボルトの使用が疑われる場合には柱脚の塑性変形能力が乏しいと判断し、靭性指標を最低値（「屋内運動場等の耐震性能診断基準」[1]により診断する場合には1.3、「耐震改修促進法のための既存鉄骨造建築物の耐震診断および耐震改修指針・同解説」[2]により診断する場合には1.0）とする。

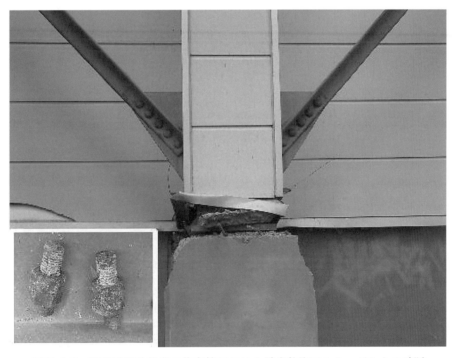

写真4.3　新耐震設計基準の体育館における露出柱脚アンカーボルトの破断

f.　アンカーボルトのはしあきが不足している場合

　平成23年に発生した東日本大震災や平成28年に発生した熊本地震においても、新耐震設計基準の体育館や耐震補強済みの体育館において、写真4.4〜4.6に例示するように、大きなせん断力が作用するブレース付き露出柱脚や鉄骨置き屋根定着部において、コンクリートの側方破壊が発生した。側方破壊は一般にアンカーボルトのはしあき（図4.2に示すような応力（せん断力）作用方向の縁端距離をここでは「はしあき」と呼ぶ）が不足している場

写真 4.4　新耐震設計基準の体育館で発生した露出型柱脚における側方破壊

写真 4.5　耐震補強済みの体育館で発生した露出型柱脚における側方破壊

合に起こる被害である。アンカーボルトのはしあきについては、昭和 60 年に日本建築学会から刊行された「各種合成構造設計指針・同解説」[8]に設計式が示されていたが、それ以前の古い建物では設計式が示される以前に設計されたため検討されていなかったこと、新しい建物であっても柱脚の設計式が示されている「鋼構造接合部設計指針」[9]にはコンクリート側の設計が示されていないこと、構造設計に関する建築基準法関係の解説書である「建築物の構造関係技術基準解説書」[10]においてもアンカーボルトのはしあきについて言及されたのが平成 27 年版からであることもあり、近年新築された建物や耐震補強がなされた建物

写真 4.6 鉄骨置屋根定着部における側方破壊
(参考：耐力度調査では鉄筋コンクリート構造として評価する部位)

であっても、設計時に必ずしも考慮されていないことが被害の一因である。また、診断・補強時の準拠基準である「屋内運動場等の耐震性能診断基準」[1]並びに「耐震改修促進法のための既存鉄骨造建築物の耐震診断および耐震改修指針・同解説」[2]においても、アンカーボルトのはしあきについては触れられていないことから、診断・補強時において見落とされていることも多い。側方破壊により耐力が決まる場合には、柱脚には変形能力は期待できないことから、靱性指標を最低値（「屋内運動場等の耐震性能診断基準」[1]により診断する場合には 1.3、「耐震改修促進法のための既存鉄骨造建築物の耐震診断および耐震改修指針・同解説」[2]により診断する場合には 1.0）とする。

34　第 4 章　耐力度調査票付属説明書の解説

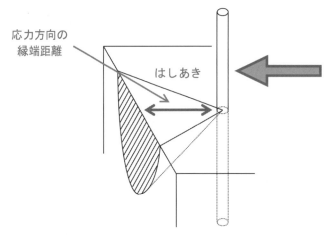

図 4.2　アンカーボルトのはしあき

　地震時に大きなブレース付き柱脚のアンカーボルトに十分なはしあきが確保されていない場合、水平力伝達能力を早期に喪失する可能性が高い。建物を引き続き使用する場合には、耐震性能の観点から構造設計を見直し、適切な補強を行う必要がある。また、RC 造における耐力度評価の範疇ではあるが、露出型柱脚と同様の接合部である R タイプ屋内運動場の置屋根定着部における側方破壊は、高所から重量のあるコンクリート塊が落下することから、極めて危険である。十分なはしあきが確保されていない建物を引き続き使用する場合には、早急に対策をとる必要がある。

2）作用応力度に対する許容応力度の比（検定比の逆数）

　新耐震設計基準以前の建物では、鉛直荷重並びに風荷重に対する許容応力度計算を行い、許容応力度を超える部材の有無を検討する。これは、耐震診断時において鉛直荷重並びに風荷重に対する検討が行われていないことに拠る。雪荷重については、一般地であっても屋根の形状が平らな場合のように雪が積もりやすい建物では検討が必要である。写真 4.7 に、平成 26 年 2 月の首都圏における大雪で倒壊した耐震補強済の体育館の例を示す。この体育館は横座屈の検定が必須とされる前に建てられたものであり、耐震診断・補強時にも地震力に対する検討・対策は行われていたが、鉛直荷重に対する検討・対策は行われていなかったため、大雪による鉛直荷重によりスパン中央で梁が横座屈し、倒壊した。雪荷重は地震荷重とは異なり、短期荷重であっても瞬時に荷重方向が反転し除荷することは無い。鉛直荷重に対する検定で問題があった場合には、倒壊を危惧すべき危険な状態であることから、対策を検討すべきである。

　作用応力度 σ は部材別に建築基準法施行令第 81 条～第 88 条の関連規定に基づき算定する。ここで考慮する応力の組合せは同法施行令第 82 条に定めるものと同じであり、鉛直荷重時、暴風時の 2 つに対して固定荷重、積載荷重、積雪荷重、風圧力によって生ずる応力を通常の弾性解析によって求め、各荷重時の、梁中央、梁端部、柱、及び筋かい材について、上記応力に対する許容応力度の比（検定比の逆数）を算定し、その中から、鉛直荷重時、水平荷重時

写真 4.7 大雪により倒壊した耐震補強済の体育館

(暴風時) それぞれの場合の最小値を見つけだす。なお、梁部材では、端部、中央の 2 箇所の応力を用いて算定することにしているが、厳密な位置を指定しているわけではなく、その附近で危険な位置を見つけ算定すればよい。柱については、通常の場合は柱頭、柱脚のどちらかが最も危険な位置となる。

桁行方向、あるいは、張間方向の一つの架構の検定比の逆数は、鉛直荷重時の検定比の逆数

36　第 4 章　耐力度調査票付属説明書の解説

と水平荷重時の検定比の逆数との積として評価する。この耐力度調査票はできるだけ簡便に、しかも総合的な評価をすることを目指しているので、最終的には一つの指標で構造耐力性能を評価するため、鉛直荷重時と水平荷重時の検定比の逆数の積を採用することにした。調査票の細部をたどれば評点のもとになった検定比の逆数が記載されており、悪い評点を与える原因となる部材も発見できる。

4.2 健　全　度

4.2.1　健全度の測定範囲

（2）健全度の測定範囲

　測定は建築年が異なるごとに行うものとする。

　建物は日射、寒暖、乾湿、降雨、降雪、風、地震、地盤変動などの自然現象や汚損、摩耗、毀損、火災、爆発などの人為現象によって経年的に劣化する。この劣化は建物の構造部分、仕上げなどの非構造部分及び設備部分のそれぞれにおいて生じる。構造部分の劣化は、構造性能の低下に直接結びつき、危険要因となる。一方、仕上げなどの非構造部分及び設備部分における劣化は、当該部材の脱落など直接的な危険要因となる場合や、防水性能の低下など、他の部位の劣化を促進し間接的な危険要因となる場合がある。健全度の項目は、経年に伴う劣化現象を調査し、その進行の度合を総合的に評価するものである。

4.2.2　経　年　変　化

（3）各欄の記入説明

　①　経年変化：T

　　当該建物の耐力度測定時における建築時からの経過年数、または長寿命化改良事業を行った時点からの経過年数に応じて経年変化 T を下式により計算する。

　1）建築後、長寿命化改良事業実施前

　　当該建物の耐力度測定時における、建築時からの経過年数 t に応じて、経年変化 T を下式により計算する。ただし、T がゼロ以下の場合は、$T=0$ とする。

$$T = (40 - t)/40$$

　ここで、　t：建築時からの経過年数

　2）長寿命化改良事業実施後

　　当該建物の耐力度測定時における、長寿命化改良事業を行った時点からの経過年数 t_2 に応じて、経年変化 T を下式により計算する。ただし、T がゼロ以下の場合は、$T=0$ とする。

$$T = (30 - t_2)/40$$

　ここで、　t_2：長寿命化改良事業実施後の経過年数

建物の経年に伴い、構造体や仕上材、設備を含む建物の機能性は次第に劣化していく。経年

に伴う構造躯体の劣化、具体的にはさびによる減厚や非構造部材やその取り付け部の腐食などの変質・変状は、健全度の測定項目として実態調査に基づき、評価される仕組みとなっている。このため、経年変化の評価は構造耐力の低下に結びつくような構造体の劣化ではなく、仕上材、設備を含む機能性の劣化を中心に評価する。

評点は、長寿命化改良事業の補助制度が「建築後40年以上経過した建物で、今後30年以上使用する予定であること」を踏まえ、以下のようにした。

建築後40年が経過するまでは劣化が一様に進むと考え、建築後40年以上経過した建物は施策を決める岐路となることを踏まえ、経年変化をゼロとして評価する。

長寿命化改良事業を実施することで建物としての性能は向上するが、建築後40年以上経過しており完全に新築時と同様の性能まで回復することは困難であることから、長寿命化改良事業により、新築時の75%まで回復するものとした。長寿命化改良事業の実施後は、その後30年以上の継続利用を想定して、30年を経過すると経年変化 T がゼロになるものとして評価する（図4.3参照）。

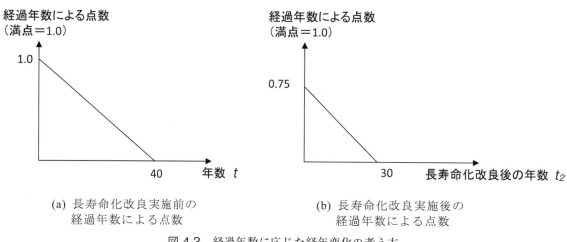

図4.3 経過年数に応じた経年変化の考え方

4.2.3 筋かいのたわみ

> ② 筋かいのたわみ：L
>
> 軸組筋かい（桁行方向、張間方向）、屋根面筋かいの状態を調べ、たわみが見られた場合には評点に反映する。
>
> 　　　軸組筋かいや屋根面筋かいにたわみが見られない場合　$L = 1.0$
>
> 　　　軸組筋かいや屋根面筋かいにたわみが見られる場合　　$L = 0.5$

屋内運動場などでは、経年の中で受けた風荷重や地震荷重により、写真4.8に示すように軸組筋かいや屋根面筋かいがゆるみ、たわみが見られる場合がある。軸組筋かいや屋根面筋かいにたわみが見られる場合には、風荷重や地震荷重により架構が大きく変形している可能性が高

く、非構造部材の劣化も促進されていると考えられることから、軸組筋かいや屋根面筋かいの状態を調査し、たわみが見られる場合にはその影響を評価する。なお、筋かいに関してはたわみ量に関係なく、たわみが生じていること自体に問題があるため、たわみの有無を目視で調査し、一見してたわみがある場合に評点の対象とする。

写真 4.8 たわみの見られる筋かいの例

4.2.4 鉄骨腐食度

> ③ 鉄骨腐食度：F
>
> 主要構造部材（柱、大梁、軸組筋かい、軒桁、柱脚）及び非主要構造部材（つなぎ梁、耐風梁、間柱、母屋、小屋筋かい等）それぞれについて鉄骨の腐食状態を調べ、その最も腐食が進んだ部材により評価する。なお、診断結果に腐食の影響が反映されている場合には、評点の減点は行わない。
>
> 　　構造部材には断面欠損（減厚）を伴う腐食は発生していない
> 　　　　$F = 1.0$
> 　　構造部材に断面欠損（10% 以上の減厚）を伴う腐食が発生している
> 　　　　$F = 0.5$
> 　　構造部材に断面を貫通する腐食が発生している
> 　　　　$F = 0.0$

鉄骨の腐食は、建設時の環境条件、建物の維持管理の良否によって大きく左右されるので、腐食による構造部材の断面欠損により構造性能がどの程度低下しているかという観点で評価を行う。なお、耐震診断時に腐食による断面欠損の影響が評価され Is 値に反映されている場合

40　第 4 章　耐力度調査票付属説明書の解説

には改めて評価は行わない。ただし、診断後に腐食が進行している場合や新耐震設計基準の建物で、改めて診断を行わない場合には、腐食による構造部材の断面欠損により構造性能がどの程度低下しているかという観点で、ここで評価を行う。

4.2.5　非構造部材等の危険度

---

④　非構造部材等の危険度：W

非構造部材や非構造部材の取り付け部、設備、二次部材（母屋・胴縁など）等の状態を調査し、危険の要因が見つかった場合には評点に反映する。非構造部材、設備機器、二次部材やそれらの取り付け部における危険の要因は

1）6 m 超の高さもしくは水平投影面積 200 m² 超に設置された単位面積質量 2 kg/m² 超の吊り天井の耐震対策が行われていない。

2）ラスモルタルや縦壁挿入筋構法の ALC パネルなど、変形追従性の乏しい壁が取り付けられている。

3）非構造部材の取り付け部が腐食している。

4）二次部材や二次部材の接合部に腐食や損傷が見られる。

5）硬化性シーリング材を用いたはめ殺しの窓ガラスが設置されている。

6）窓ガラスのサッシがスチールサッシである。

7）地震時に照明が落下する可能性がある（耐震対策が行われていない）。

8）地震時に設備（照明以外）が落下する可能性がある（耐震対策が行われていない）。

9）コンクリートブロックの外壁や間仕切りが設置されている。

が挙げられる。上記の他にも、地震時だけでなく通常使用時において破損・落下の危険性が危惧される部位が存在する場合には、1 種類の項目ごとに危険の要因が一つあると数える。

非構造部材、設備機器、二次部材等やそれらの取り付け部に

危険の要因は見られない場合	$W = 1.0$
危険の要因が一つ存在する場合	$W = 0.8$
危険の要因が二つ存在する場合	$W = 0.6$
危険の要因が三つ以上存在する場合	$W = 0.5$

非構造部材や設備等の劣化については、取り付け部などの腐食は建設時の環境条件、建物の維持管理の良否によって大きく左右される。地震時などに非構造部材や設備が落下の危険性がある場合や、それらの取り付け部の腐食が進行している場合には、建物としては危険な状態にあることから、ここで評価する。また、天井や内外壁、開口部などに、地震時の変形追従性能

写真 4.9 耐震化されていない天井の崩落

が乏しく脱落しやすい仕様が用いられている場合も、危険要因として評点に反映する。

危険要因として挙げたいくつかの項目について、地震被害の例を示す。

まず、1) で挙げた耐震化されていない天井が全面的に崩落した例を写真 4.9 に示す。アリーナ全面へ天井材が落下することから、逃げ場のない危険な被害となる。

次に、2)、3) で挙げた変形追従性が乏しい外壁において取り付け部が腐食していたこともあり脱落した例として、写真 4.10(a)(b) にラスシート外壁が脱落した事例を示す。この建物では、写真 4.10(b) に示すようにラスシート取り付け部が腐食しており、外壁が脱落しやすい状態だったことが分かる。変形追従性が乏しいこと、取り付け部が腐食していたことのいずれもが危険要因となっている。また、2) で挙げた変形追従性が乏しい外壁の脱落例として、縦壁挿入筋構法の ALC パネルの脱落例を写真 4.11(a)(b) に示す。縦壁挿入筋構法の ALC パネルは 1/200 程度の層間変形角へは追従できるとされているが、比較的剛性の低い体育館の妻面などでは大地震時により大きな変形が生じることがあることから、脱落した例は多い。

4) で挙げた二次部材とは、写真 4.12(a)(b) に示す母屋・胴縁・間柱・方立など、屋根材・内外壁・開口部などを支持している部材である。二次部材や二次部材と構造骨組の接合部に腐食や損傷が見られる場合は、非構造部材の大規模な脱落・剥離が生じる危険がある。

5)、6) で挙げたはめ殺しのスチールサッシである窓ガラスの被害例を写真 4.13 に示す。この例でも、はめ殺しであること、スチールサッシであることのいずれもが危険要因となっている。窓ガラスの破損は鋭利な破片が飛散することから極めて危険な被害の一つである。

7) で挙げた照明の落下については、例を写真 4.14 に示す。また、8) で挙げた設備につい

42　第 4 章　耐力度調査票付属説明書の解説

(a) ラスシート外壁の脱落

(b) 脱落したラスシート

写真 4.10　取り付け部の腐食による外壁の脱落

ては、設置された設備機器の落下には至らなかったものの、設備の取り付け部に被害を受けた例を写真 4.15(a)(b) に示す。写真 4.15(a) はあと施工アンカーの抜けだしであり、あと施工アンカーの施工が良くなかったことが被害の一因であり、写真 4.15(b) は建物の変形に伴い接合部の耐力を上回る大きな引き抜き力が作用したことが被害の原因となっている。高所からの

(a) 外壁が脱落した体育館の妻面

(b) 脱落した ALC パネル

写真 4.11　縦壁挿入筋構法の ALC パネルの脱落

44　第4章　耐力度調査票付属説明書の解説

(a) 間柱と母屋・胴縁

(b) 方立

写真 4.12　二次部材の例

照明や設備機器の落下は、人体に対する大きな危険要因であり調査時には注意を払う必要がある。

写真 4.13　はめ殺しのスチールサッシである窓ガラスの被害例

写真 4.14　落下した照明設備

9) で挙げたコンクリートブロック壁の例を、写真 4.16 に示す。コンクリートブロック壁は変形追従性が無く、地震時における危険要因となる。

　これら、非構造部材等に関する危険要因については、非構造部材等の種類や取り付け工法が

46　第4章　耐力度調査票付属説明書の解説

(a) あと施工アンカーの抜けだし

(b) コンクリートの破壊

写真 4.15　設備取り付け部の被害

写真 4.16 コンクリートブロック壁の例

多岐にわたることなどもあり、明確な判断基準が存在しない場合もある。ここに示されていない危険要因が存在する場合も考えられる。調査に当たっては、文部科学省から出されている手引き[11]をはじめ、最新の知見が反映された参考図書などを参照し、専門的見地で評価を行う。

4.2.6　架構剛性性能

⑤　架構剛性性能：θ

新耐震設計基準以前の建物については、二方向の架構の架構剛性性能 θ（W（建築基準法施行令第 87 条に規定する風圧力）並びに K（同法施行令第 88 条に規定する地震力）で発生する層間変形）を下式により算出し、大きい方の値により評価する。

$$\theta = \delta/h$$

ここで、　h：階高
　　　　　δ：層間変位

判別式　　　　　$\theta \leq 1/200$ ………… 1.0
　　　　　$1/200 < \theta < 1/120$ ………… 直線補間
　　　　　$1/120 \leq \theta$　　　………… 0.5

一般に鉄骨構造は剛性が小さく、大きな変形による仕上材の損傷や、剛性が小さいことに起因する振動障害が問題となることがある。また、地震時には脱落等非構造部材の被害の原因

48　第4章　耐力度調査票付属説明書の解説

となる。建築基準法施行令第82条の2では、地震力による構造耐力上主要な部分の変形によって建築物の部分に著しい損傷が生ずるおそれのない場合を除き、1/200以内の層間変形角でなければならないと規定されているので、この規定を風荷重を受ける場合にも準用し、同法施行令第87条に規定する風圧力と同法施行令第88条に規定する地震力に対して1/200以内の層間変形角であることを満足する場合には、満点（10点）の評価を与え、1/120以上では、評点を半減するようにし、1/200～1/120では直線補間とした。

4.2.7　不同沈下量

⑥　不同沈下量：ϕ

　各階の張間・桁行両方向について沈下量測定を行い、相対沈下量の最大値により評価する。なお、測定マークは構造体に設定することを原則とするが、それが困難な場合は構造体より1mの範囲内に設定する（例えば窓台等）。

$$\phi = \varepsilon/L$$

ここで、　ε：各方向の隣り合う柱間の相対沈下量

　　　　　L：隣り合う柱間の距離

判別式　　　　$\phi \leqq 1/500$ または測定しない場合……………1.0

　　　$1/500 < \phi < 1/120$　　　……………直線補間

　　　$1/120 \leqq \phi$　　　　　　……………0.5

　全体に等しい沈下が建物に生じた（不同沈下のない）場合は、外部との取合い、設備、配管類に障害を生じることはあるが、構造耐力には大きな影響はない。一方、不同沈下が生じた場合は、構造的障害や床の傾斜などの機能的障害が生じやすい。

　不同沈下によって基礎梁に発生するひび割れの例を図4.4に示す。基礎梁などのコンクリート部材が(a)のようにその左端で不同沈下すると(b)のような応力が生じ、(c)のようなひび割れが生じる。すなわち、不同沈下によるひび割れは、沈下の少ない部分から沈下の大きい部分に向かって斜め上方を指す方向に生じる。このことから、基礎梁に生じているひび割れによってどの方向に大きく沈下しているかを推察することができる。躯体にひび割れを伴う不同沈下が生じていない場合は満点を記入する。一方、著しい不同沈下、進行性不同沈下が観測された場合には深刻な問題が存在することが考えられることから、万一使用しているような場合には直ちに使用を停止するとともに、本調査とは別に精密な調査・診断を行う必要がある。

　測定は各階の張間・桁行両方向について1スパン当たりの相対沈下量を測定し、1スパン分の部材角の最大値により評価する。

　不同沈下の測定は、基礎のベースモルタル上端を基準として隣接基礎上端との高低差をレベルで計測するのが最も正確である。日本建築学会建築工事標準仕様書JASS6鉄骨工事[12]で

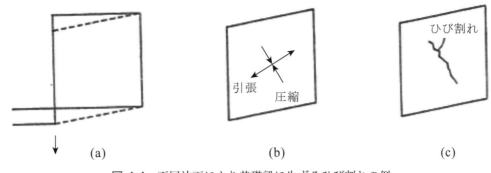

図 4.4　不同沈下により基礎梁に生ずるひび割れの例

は、柱据え付け面の高さの限界許容差として、±5 mm の建方誤差が許されている。この値は柱間隔を 5 m とすれば最大 1/500 となることから、1/500 を超えるような大きな差があれば、基礎地業に異常があったものと考えた。

また仕上材等により上記の計測が困難な場合には、構造体より 1 m の範囲の窓台上に基準点を採ってもよいが、その場合には梁の水平度[12]や仕口部の角度[12]の誤差の影響も受ける場合もあるので、測定値は慎重に検討する必要がある。

しかし、通常は上記構造体の誤差を仕上げで吸収しているので、窓台が 1/500 以上傾いていれば何らかの障害が生じていると考えてよい。

なお、傾斜が目視で観察されず、基礎、基礎梁にも亀裂が見られない場合は、満点を記入する。

4.2.8　火災による疲弊度

⑦　火災による疲弊度：S

当該建物が耐力度測定時までに火災による被害を受けたことがある場合、その被害の程度が最も大きい階について被災面積を求め、その階の床面積に対する割合をもって評価する（表 1）。

$$S = S_t/S_0$$

ここで、　S_t：$S_1 + S_2 \times 0.75 + S_3 \times 0.5 + S_4 \times 0.25$

　　　　　S_0：当該階の床面積

　　　　　S_1、S_2、S_3、S_4：表 1 の被災程度により区分される床面積

50　第4章　耐力度調査票付属説明書の解説

表1　被災程度と床面積

被災面積	被　災　程　度　の　区　分
S_1	構造体変質： 火災により非構造材が全焼し、構造体が座屈したもの
S_2	非構造材全焼： 火災により非構造材が全焼し塗装が焼損したが、構造体には異常が認められないもの
S_3	非構造材半焼： 火災により非構造材が半焼したもの
S_4	煙害程度： 火災により煙害または水害程度の被害を受けたもの

判別式　　　　　$S = 0$‥‥‥‥‥‥‥‥ 1.0

　　　　　　　$0 < S < 1$‥‥‥‥‥‥‥ 直線補間

　　　　　　　$S = 1$‥‥‥‥‥‥‥‥ 0.5

火災によって被害を受けた建物は、その被害の程度を評価し、疲弊度を求める。

本測定の場合、火災によって全焼した建物は、当然取り壊されているので対象とはならない。したがって、本測定の対象となるS造建物は、部分的な火災があり、その後補修を施して現在も使用されているものであるから、火災の程度は被災直後の状態を記録等に基づいて調査することになる。構造体については火熱によって座屈した部材は取替え、補強・矯正などが行われていることから、被災後に比べて耐力は回復しているが、構造材料の変質や矯正時の応力などによって何らかの影響が残っている可能性がある。現状の残存性能を評点に反映させるため、被災直後の記録から被害の程度を評価し、疲弊度を求める。

鋼材に与える火災の影響は、よほど激しい火災の場合は降伏点の低下を招くが、多くの場合は温度膨張と一時的軟化による部材の曲がりであり、その加わる熱量を、構造体変質、非構造材全焼、非構造材半焼、煙害程度の4ランクで評価する。火災による構造耐力の劣化は、建物全体の性能に影響を与えると考えられるので、①から⑥までの点数の総和にこの係数 S と次に述べる地震による被災歴による係数 E の小さい方の値を乗じる。

なお、この場合の構造体とは、柱、大梁、軸組筋かいなどの軸組をいい、つなぎ梁及び間柱等は含まないものとする。

4.2.9　地震等による被災歴

⑧　地震等による被災歴：E

被災歴が無いあるいは経験した最大の被災が被災度区分判定（日本建築防災協会「震災建築物の被災度区分判定基準および復旧技術指針」による、以下同様）で軽微に区分される場合

$$E = 1.0$$

被災度区分判定で小破に区分される被害を受け、補修工事が行われている場合

$$E = 0.95$$

被災度区分判定で中破に区分される被害を受け、補修工事が行われている場合

$$E = 0.9$$

被災度区分判定で大破に区分される被害を受け、補修工事が行われている場合

$$E = 0.8$$

地震等で被災した建物では、非構造部材の取り付け部などに損傷が残っている場合があることや、周辺も含めた損傷箇所の取り替えのような大規模な補修を伴わない程度の損傷を受けた構造部材では、耐力は被災前同様であっても塑性化の程度に応じて変形能力が低下しているため、健全度で地震による被災状況を評価している。被災後に補修工事が行われていたとしても、耐震性能には何らかの影響が残っていることが考えられること、また、被災度の程度が大きいほど影響の残っていると考えられる箇所数が多いだけでなく、元々の耐震性能が低いと考えられることから、被災度に応じて評点を低減する。地震等で被災した場合は、火災による構造耐力の劣化と同様、建物全体の性能に影響を与えると考えられることから、①から⑥までの点数の総和に被災度区分判定の結果に応じた係数 E と前述した火災による疲弊度の係数 S の小さい方の値を乗じる。なお、RC 造に比べ被災度に対する減点の割合が高いのは、非構造部材に隠れた損傷が見つかりにくいことや、非構造部材の取り付け部に損傷が残りやすいことによる。

火災による構造耐力の劣化と同様、建物全体の性能に影響を与えると考えられるので、①から⑥までの点数の総和にこの係数 E と前述した火災による疲弊度の係数 S の小さい方の値を乗じる。

52　第 4 章　耐力度調査票付属説明書の解説

4.3　立 地 条 件

4.3.1　地震地域係数

> ①　地震地域係数
> 　地域区分は建設省告示第 1793 号（最終改正：平成 19 年国土交通省告示第 597 号）第 1 に基づき、該当するものを○で囲む。

　建設省告示第 1793 号（最終改正：平成 19 年国土交通省告示第 597 号）第 1 による地域区分により、建物がその立地において使用期間中に強い地震を受ける可能性の高さを反映するための係数である。

4.3.2　地 盤 種 別

> ②　地盤種別
> 　地盤種別は基礎下の地盤を対象とし建設省告示第 1793 号（最終改正：平成 19 年国土交通省告示第 597 号）第 2 に基づき、該当するものを○で囲む。

　建設省告示第 1793 号（最終改正：平成 19 年国土交通省告示第 597 号）第 2 による地盤種別により、建物への入力が大きくなることや地盤被害の可能性が高まることの影響を補正するための係数である。

4.3.3　敷 地 条 件

> ③　敷地条件
> 　建物が崖地の上端近くや傾斜地に建設されている場合には、該当するものを○で囲む。

　近年の地震による S 造文教施設の被害調査において、傾斜地や崖地上端の盛土部分に建設された建物では、平坦地に比べて被害が大きくなる傾向が見られるとの報告がある[13]。原因として、地形効果や局所的な地盤条件によって建物への入力地震動が増幅されたことや、地盤の崩落によって不同沈下が生じたことが考えられる。S 造の建物は RC 造の建物に比べて軽量であるため、崖地上端の盛土の部分に建設されることも多く、地形効果などによる入力の増幅に伴い上部構造に大きな被害がでることだけでなく、地盤の崩落に伴い基礎構造へ大きな被害がでることも懸念される。また、傾斜地においても建物への入力が地形の影響を受けることが懸念される。そこで、地形効果による局所的な入力地震動の増幅並びに地盤被害の可能性の大きさの程度を補正するための係数を設定した。

　ここで崖地とは宅地造成等規制法施行令の第 1 条第 2 項による「地表面が水平面に対し 30

度を超える角度をなす土地」のことであり、図 4.5 に示すように上端側に建っており、崖の下端から高さの 2 倍の範囲内に建物がかかっているか否かで評価する。高さ 3 m 以上の崖地の上端側に建っており、崖の下端から高さの 2 倍の範囲内に建物がかかっている場合には係数を 0.8 とし、高さ 1 m 以上 3 m 未満の崖地の上端側に建っており、段差の下端から高さの 2 倍の範囲内に建物がかかっている場合には係数を 0.9 とする。

また、傾斜地については、図 4.6 に示すように、建物四隅の地面の高低差の最大値を高低差が生じた区間の距離で割った傾斜角が 3 度以上ある場合に評価する。傾斜地については係数を 0.9 とする。

崖地、傾斜地に当たらない場合には平坦地として、係数は 1.0 とする。

なお、盛土か切土かについては、建築から時間が経っているとわからないこともあるのと重量の軽い S 造の施設は盛土の上に建てられる場合が多いことから、盛土か切土かまでは区別せず、地形のみで評価する。

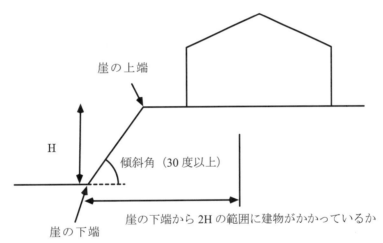

図 4.5　崖地の説明

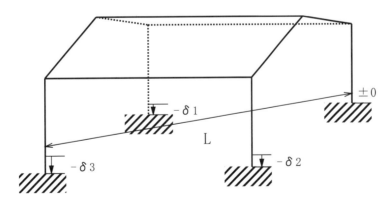

地面の傾斜角 ＝ δ3／L（δ3 が最も大きな値である場合）

図 4.6　地面の傾斜角の説明

54　第 4 章　耐力度調査票付属説明書の解説

4.3.4　積雪寒冷地域

---

④　積雪寒冷地域

　積雪寒冷地域は義務教育諸学校等の施設費の国庫負担等に関する法律施行令第 7 条第 5 項の規定に基づき、該当する地域区分を○で囲む。

積雪や寒冷の影響による建物の劣化の程度を補正するための係数である。

4.3.5　海岸からの距離

---

⑤　海岸からの距離

　当該建物から海岸までの直線距離に該当する区分を○で囲む。

　建物が台風、温帯低気圧等の強風に見舞われる確率は一般に建物が海洋に近い所に建っているほど大きい。さらに、S 造の場合は海岸に近いほど塩風による腐食が著しくなる。これらの点を考慮して海岸からの距離に応じて 3 地域に区分し、その影響度を評価するための係数である。

参考文献

1) 文部科学省文教施設企画部：「屋内運動場等の耐震性能診断基準（平成 18 年版）」、（平成 22 年 10 月一部変更）

2) 日本建築防災協会：「2011 年改訂版 耐震改修促進法のための既存鉄骨造建築物の耐震診断および耐震改修指針・同解説」、2011 年 9 月

3) 山田 哲、松本由香、伊山 潤、五十子幸樹、吉敷祥一、池永昌容、島田侑子、小山 毅、見波 進、浅田勇人：「東北地方太平洋沖地震等で被災した鉄骨造文教施設の調査 —調査の概要」、日本建築学会技術報告集 第 40 号、pp.935-940、2012 年 10 月

4) 山田 哲、伊山 潤、島田侑子、松本由香、長谷川 隆、清家 剛、中野達也、吉敷祥一：「東北地方太平洋沖地震および余震による学校体育館の構造被害」、日本建築学会技術報告集 第 44 号、pp.133-138、2014 年 2 月

5) 多田元英、西 豊、井上一朗：「管通し平板ガセット形式接合部を有する軸力材の弾性座屈挙動」、日本建築学会構造系論文集、第 503 号、pp.131-137、1998 年 1 月

6) 多田元英、山田能功：「管通し平板ガセット形式接合部を有する軸力材の非弾性座屈荷重の算定」、日本建築学会構造系論文集、第 530 号、pp.163-170、2000 年 4 月

7) 多田元英、笠原健志：「管通し平板ガセット形式で一面摩擦接合された軸力材の座屈荷重」、日本建築学会構造系論文集、第 556 号、pp.181-188、2002 年 6 月

8) 日本建築学会：「各種合成構造設計指針・同解説」、2010 年 11 月

9) 日本建築学会：「鋼構造接合部設計指針」、2012 年 3 月

10) 全国官報販売協同組合：「建築物の構造関係技術基準解説書」、2015 年 6 月

11) 文部科学省：「学校施設の非構造部材の耐震化ガイドブック（改訂版）」、2015 年 3 月

12) 日本建築学会：「建築工事標準仕様書 JASS6 鉄骨工事（第 10 版）」、2015 年 3 月

13) 島田侑子、山田 哲、吉敷祥一、伊山 潤、松本由香、浅田勇人：「東北地方太平洋沖地震等による鉄骨造文教施設の被害と地盤変状」、日本建築学会技術報告集 第 42 号、pp.573-578、2013 年 6 月

第 5 章　　耐力度調査票作成上の留意事項

56　第5章　耐力度調査票作成上の留意事項

5.1　一　般　事　項

5.1.1　調 査 責 任 者

　耐力度の測定は、原則として当該建物の設置者である市町村教育委員会及び都道府県教育委員会の施設担当者（一級建築士資格を有する者）が調査する。

　なお、調査は専門的な知識と試験機器を必要とするものもあり、また、複雑な構造計算や耐震診断の知識が必要となる場合もあるので、この測定方法に習熟した建築設計事務所等に予備調査等を行わせ、当該市町村教育委員会及び都道府県教育委員会等の職員である設置者が現地で確認する方法も認められる。

5.1.2　調査対象建物

　この調査票の対象とする建物はS造の校舎、屋内運動場及び寄宿舎である。混合構造及び複合構造の場合は、S造の部分はS造の調査票で、RC造の部分はRC造の調査票で評価し、評点の低い方の値を採用することになっている。Rタイプの屋内運動場はRC造の調査票で評価する。また、本体に付帯した下屋等は、調査の対象としない。

　なお、この調査票を使用することが不適当と認められる特殊な構造型式のものについては、大学教授等の専門家の個別鑑定によって当該建物の危険度を判断するものとする。

5.1.3　調 査 単 位

　調査単位は、校舎、屋内運動場及び寄宿舎の別に棟単位で行うものとするが、エキスパンションジョイントで区分されている場合は別棟で取り扱うものとする。構造的に一体として増築されている場合は、構造耐力については、棟全体で評価し、それ以外の測定項目については、建築年が異なるごとに測定して評価することになっている。したがって、耐力度調査票は建築年が異なるごとに別葉とする。ただし、建築年が同一で、月が異なる構造的に一体として建てられている建物は1棟として取り扱う。なお、調査に耐震診断結果を用いる場合には、診断時の建物区分・算定範囲等に準ずる。

　なお、1棟のうち一部が危険建物となる場合は、その部分を取り壊したものとして残りの部分の保有耐力等を再計算して評価してもよい。

　また、増築の状況に応じ、下記によることができる。

　　1)　上増築の場合には、最も下層の調査単位と同点数とできる。

　　2)　横増築の場合で、増築部分の面積が極めて小さいとき（概ね200 m²以下）、あるいは増築部分の用途が附属的なものであるときは、主体部分と同点数とできる。

　　3)　ピロティ部分に後で室を設けた場合は、主体部分と同点数とできる。

5.1.4 測 定 項 目

S造建物の耐力度測定は、構造耐力、健全度、立地条件について行うことになっているが、各測定項目のうち必ず測定することになっている項目と、必ずしも測定しなくてもよい項目がある（表5.1参照）。ただし、測定をしない項目の評点については満点を与えることになっている。

表5.1　測定項目の分類

区分	必ず測定しなければならない項目	測定を省略することができる項目
構造耐力（①旧耐震・耐震診断実施済み）	鉛直荷重に対する検討 風荷重に対する検討	
構造耐力（②新耐震）		構造耐力の評価
構造耐力（③旧耐震・耐震診断未実施）	地震荷重に対する検討 鉛直荷重に対する検討 風荷重に対する検討	
健全度	経年変化 筋かいのたわみ（外観調査が可能な箇所） 鉄骨腐食度 非構造部材等の危険度 架構剛性性能	筋かいのたわみ（外観調査が不可能な箇所） 不同沈下量 火災による疲弊度 地震等による被災歴
立地条件	全項目	

58　第5章　耐力度調査票作成上の留意事項

5.2　留　意　事　項

5.2.1　一般的留意事項

(1)　設計図書等の確認

　耐力度測定に先だち、当該建物の設計図書、あるいは耐震診断時・補強時の設計図書の有無を確認しなければならない。

　設計図書等がない場合には現地調査し、軸組図等を作成する。

　設計図書等がある場合にあっても当該設計図書等と建物の状況を照合し、所要の修正を加えた軸組図等を作成する必要がある。

　また、設計時の構造計算書等を用いる場合には固定荷重や積載荷重が、実状に即したものとなるよう配慮する必要がある。

(2)　建築年の確認

　調査建物の経過年数を知るためには、当該建物の建築年月を確認する必要がある。

　建物の建築時期は、通常、「公立学校施設台帳」に建築年月が記載されている。

　しかし、当該建物が買収または譲渡されたものである場合には、必ずしも建築当初の建築年月が記載されているとは限らない。この様な場合にあっては、建物の登記簿や学校要覧等によって建築年月を確認する必要がある。

　また、その場合には当該確認調書の写しを関係資料として添付する必要がある。

(3)　過去の災害及び補修の記録

　調査建物が建築時以降に構造上の被害を受けた場合、その年月と被災程度を記載する。

　また、被災後軸組を取替えたり、壁の増設や補強等を行ったりした場合には、その年月と内容を記録する。このことは当該建物の構造耐力や健全度の測定に際し十分配慮する必要がある。

5.2.2　構造耐力測定上の留意事項

　S造建物の構造耐力は、①いわゆる旧耐震設計基準に基づき設計された建物のうち耐震診断実施済みである建物、②いわゆる新耐震設計基準で設計された建物、③いわゆる旧耐震設計基準に基づき設計された建物のうち耐震診断未実施である建物、でそれぞれ調査手法が異なる。

①いわゆる旧耐震設計基準に基づき設計された建物のうち耐震診断実施済みである建物

　耐震診断実施済みである建物は、耐震診断・補強時の図面及び診断報告書等を添付する必要がある。診断時からの経年によって建物の状態が変化したり、新たな欠陥が発見された場合に

は、改めて実施した耐震診断に関する図面及び診断報告書等を添付する。

また、鉛直荷重及び風荷重に対する許容応力度計算の計算過程を明確にし、当該建物の架構性能が正確にチェックできるよう応力図も添付すること。

(i) I_{SX} 及び I_{SY} について、両者の値が算定された診断時から 10 年以上経過している場合には、その値の妥当性について十分吟味する必要がある。溶接部の超音波探傷検査を行うことで新たな欠陥が見つかることや、構造体の改変を伴う改修、用途変更による荷重条件（診断時に用いている各階の積載荷重）の変更などにより、その値が診断当時と異なることが予想される。

(ii) I_S を $1/Z$ で割り増して評価している I_{SX}、I_{SY} を $I_{SX} \times Z$、$I_{SY} \times Z$（Z：診断時に採用した地域係数）として割り増し分を低減し修正する必要がある。

②いわゆる新耐震設計基準で設計された建物

新耐震設計基準で設計された建物は、その設計図書・構造計算書の写し等を添付する必要がある。

構造上問題点がないものについては $Is = 0.7$ とし、評点の減点は行わないが、地震等で被災し現状復旧による補修工事を行った場合など、建築後の状態の変化があり構造耐力などが設計時の想定とは異なると考えられる場合や、超音波探傷検査による調査を行った結果溶接部に欠陥が発見された場合、変形能力に問題があることがわかった筋かい材が使用されている場合など、新耐震の施行後に得られた新たな知見を踏まえると構造耐力などが設計時の想定とは異なると考えられる場合については、調査結果に基づき現状を反映した耐震診断を行い、再診断による Is 値を用いて評価することができる。この場合には、改めて実施した耐震診断に関する図面及び診断報告書等を添付する必要がある。

③いわゆる旧耐震設計基準に基づき設計された建物のうち耐震診断未実施である建物

耐震診断の手法を用いて Is 値を算定し、図面及び診断報告書等を添付する。ここで、構造耐力の評価に用いる Is 値は、地域係数を $Z = 1.0$、振動特性係数を $Rt = 1.0$ として計算した各階各方向の Is 値のうち最小値を採用する。

また、鉛直荷重並びに風荷重に対する許容応力度計算を行い、許容応力度を超える部材の有無を検討する。

5.2.3 健全度測定上の留意事項

健全度の測定に当たっては状況写真を撮影し、必ず関係資料として添付しなければならない。

60　第5章　耐力度調査票作成上の留意事項

(1)　経年変化

　経年変化の測定は、長寿命化改良事業実施前後でその測定法が異なる。長寿命化改良前の建築物は建築時からの経過年数 t を用いて、長寿命化改良後の建築物は長寿命化改良時点からの経過年数 t_2 を用いて経年変化の評点を評価する。

(2)　筋かいのたわみ

　軸組筋かいや屋根面筋かいの状態を調査する。調査に当たっては、たわみの有無を目視で調査し、たわんでいる状態を写真で記録する。なお、外観調査により確認が可能な箇所については必ず測定するが、内外装材、天井材により隠れており、外観調査が困難な場合には必ず測定する必要はない。

(3)　鉄骨腐食度

　主要構造部材（柱、大梁、軸組筋かい、軒桁、柱脚）だけでなく、非主要構造部材（つなぎ梁、耐風梁、間柱、母屋、小屋筋かい等）についても調査する。調査に当たっては、腐食による減厚を計測し写真で記録する。

　特に、柱脚や梁の見え隠れ部分については、支障のない範囲で、仕上材を取り除くなどして綿密に測定することが望ましい。

(4)　非構造部材等の危険度

　非構造部材、設備、二次部材（胴縁・母屋など）及びそれらの取り付け部の状態を調査する。調査に当たっては、状態を写真で記録する。採用されている構法が現地調査から確認できない場合などは、設計図書も参照する。

(5)　架構剛性性能

　いわゆる新耐震設計基準以前の建物については、二方向の架構について風圧力並びに地震力によって発生する層間変形を算定し、架構剛性性能として評価する。層間変形角は、電算プログラムにより求めるほか、ラーメン架構の場合はD値法により、ブレース架構の場合は水平力に対するブレースの伸びに基づいて（図5.1参照）、それぞれ手計算により求めることができる。

(6)　不同沈下量

　各階の張間・桁行両方向について1スパン当たりの相対沈下量を測定し、1スパン分の部材角の最大値により評価する。なお、傾斜が目視で観察されず、基礎、基礎梁にも亀裂が見られない場合は、満点を記入する。

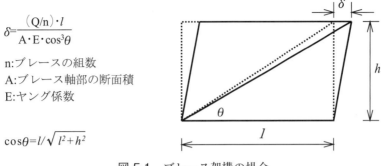

図5.1　ブレース架構の場合

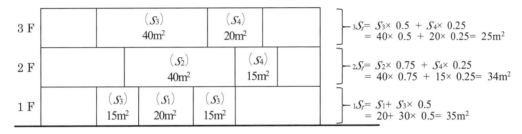

以上のことから、被害最大の階は1階となる。
$S = S_f/S_0 = 35/100 = 0.35 → ∴ \text{ス} = 0.82$

図5.2　被災面積の算定

(7)　火災による疲弊度

本項は、当該建物が部分的な火災を受けた後、補修等を行い現在も使用している場合に適用する。構造体については火熱によって座屈した部材は取替え、補強・矯正などが行われていることから、被災後に比べて耐力は回復しているが、構造材料の変質や矯正時の応力などによって何らかの影響が残っている可能性がある。現状の残存性能を評点に反映させるため、被災直後の記録から被害の程度を評価し、疲弊度を求める。なお、この場合の構造体とは、柱、大梁、軸組筋かいなどの軸組をいい、つなぎ梁及び間柱等は含まないものとする。なお、被害の最も大きい階の取扱いについては図5.2による。

(8)　地震等による被災歴

地震等により被災していた場合には、被災度を調査する。

5.2.4　立地条件測定上の留意事項

(1)　地震地域係数

地震地域係数とは建設省告示第1793号（最終改正：平成19年国土交通省告示第597号）による地域区分であり、同告示の表における（1）が一種地域、（2）が二種地域、（3）が三種地域、（4）が四種地域となる（表5.2参照）。

62　第5章　耐力度調査票作成上の留意事項

表5.2　対応表

耐力度調査票		建設省（国土交通省）告示	
地震地域係数		地方	数値
四種地域	1.0	（4）	0.7
三種地域	0.9	（3）	0.8
二種地域	0.85	（2）	0.9
一種地域	0.8	（1）	1.0

(2)　地盤種別

　地盤種別は同じく建設省告示第1793号（最終改正：平成19年国土交通省告示第597号）の区分による。

　当該建物の基礎構造により次の2通りの方法に区分して照合する必要がある。

　㋐　直接基礎及び細長い杭基礎の場合

　　基礎下の地盤種別により判断する。

　㋑　剛強な杭基礎の場合

　　杭先端の地盤種別により判断する。この場合においてはボーリングデータにより確認するものとし、当該柱状図の写しを確認資料として添付する必要がある。

(3)　敷地条件

　当該建物の敷地地盤の条件に基づき決定する。

(4)　積雪寒冷地域

　義務教育諸学校等の施設費の国庫負担等に関する法律施行令第7条第5項により全国を一級積雪寒冷地域、二級積雪寒冷地域、その他地域の3種の区域に分けている（運用細目第1-32）。

　1)　「一級積雪寒冷地域」とは、冬期平均気温零下5度以下または積雪量300月センチメートル以上の地域をいう。

　2)　「二級積雪寒冷地域」とは、冬期平均気温零下5度から零度までまたは積雪量100月センチメートル以上300月センチメートル未満の地域をいう。

　3)　「その他地域」とは、一級または二級積雪寒冷地域のいずれにも該当しない地域をいう。

(5)　海岸からの距離

　海岸に近い建物は塩風害の影響を受けやすく、その影響度は海岸からの距離に比例するので、調査建物と海岸までの最短直線距離によって3段階に分けて評価することになっている。

なお、途中に山などの障害物がある場合においても単純に直線距離をとってよいことになっている。河口と海岸の境界は、国土地理院で定める第一橋梁を海岸線とする方法とは異なり、周辺のごく常識に類推される範囲と河口と海岸の交差点を直線で結んだ線を海岸線とする。

5.2.5 調査票の作成と添付資料

(1) 調査票

運用細目の別表を使用する。

なお、調査票は原則としてインクを用いて記載することとするが、鉛筆で記載した票を複写し調査者が署名捺印する方法も認められる。

また、各階の平面図、断面図については1/100程度の縮尺で単線により表示し、柱や耐力壁は他と区別できるような太線等で記載するほか、健全度等の調査位置等所要の事項を記載する。

(2) 写真

建物の全景及び各項目について、必ずカラー写真撮影を行い確認資料として添付する（表5.3参照）。写真は調査票に記載するデータと内容が一致する必要がある。また、健全度にあっては写真が立証資料として不可欠なものとなるので、評価の根拠が判別できるよう心掛ける必要がある。

(3) その他の資料

各測定項目別の添付資料は表5.3により、該当するものについて作成する。

なお、これらの資料はその資料に基づいて評点の低減等を行っているときにのみ必要である。

64　第 5 章　耐力度調査票作成上の留意事項

表 5.3　添付資料

	測定項目	添付書類	写真
構造耐力	架構耐力評価（旧耐震・耐震診断済み）	耐震診断報告書	
	架構耐力評価（新耐震設計基準の建物で構造上問題がある場合）	設計図書、構造計算書	
	Is 値（新耐震の建物で構造上問題点の無い建物）		
	架構剛性性能（旧耐震・耐震診断未実施）	耐震診断報告書	
健全度	経年変化	施設台帳、建物登記簿、確認申請書、学校要覧	
	筋かいのたわみ	測定位置図	○
	鉄骨腐食度	測定位置図	○
	非構造部材等の危険度	設計図書、測定位置図	○
	架構剛性性能（旧耐震）	計算書	
	不同沈下量	沈下量測定結果図	○
	火災による疲弊度	被災程度別平面図、被災記録	○
	地震等による被災歴	被災記録	○
立地条件	地震地域係数	施設台帳	
	地盤種別	ボーリングデータ	
	敷地条件	敷地図	
	積雪寒冷地域	施設台帳、気象データ	
	海岸からの距離	地図 (1/25,000)	
その他		建物の全景写真	○

第6章　　耐力度調査チェックリスト

耐力度調査チェックリスト

－鉄骨造－

都道府県名		設置者名		学校名	

対象建物	棟番号		構造・階数		建築年		面積	

耐力度点数	都道府県確認者の所見	聴取済印
点		

調査者 (市町村)		確認者 (都道府県)		聴取日	年　　月　　日

※太枠の中は都道府県が記入する。
　□にはレ印を付す。

	設置者記入欄		都道府県記入欄	
	確認	該当なし	確認	該当なし

（第1　一般事項）

1．調査建物

①耐力度調査票の設置者名、学校名、建物区分、棟番号、階数、延べ面積、建築年、経過年数、被災歴及び補修歴は施設台帳等により記載されている。　□　□

②経過年数は、建築年月と調査開始年月を比較し、1年に満たない場合は切り上げている。　□　□

2．調査単位

①調査建物の建築年は同一である。　YES□　NO□　YES□　NO□
　NOの場合は、調査票が別葉にされている。　□　□

②調査建物は構造的に一体である。　YES□　NO□　YES□　NO□
　NOの場合は、別棟と見なし、調査票が別葉にされている。　□　□

3．適用範囲

①調査建物は鉄骨造または混合構造（RSタイプ）もしくは複合構造の鉄骨造部分である。　YES□　NO□　YES□　NO□
　NOの場合は、鉄筋コンクリート造（以下「RC造」という。）部分についてはRC造の調査票が、木造の部分については木造の調査票が、それぞれ作成されている。　□　□

4．端数整理

①耐力度調査点数の有効桁数は所定の方法で記入されている。　□　□

5．再調査

①当該建物は、初調査である。　YES□　NO□　YES□　NO□
　NOの場合は、調査してから年数が経過したので、経過年数が見直されている。長寿命化改修が行われている場合は、改修時点からの経年変化が評価されている。　□　□

第6章　耐力度調査チェックリスト　67

	設置者記入欄		都道府県記入欄	
	確認	該当なし	確認	該当なし

6．添付資料

①図面、写真、ボーリングデータ、その他必要資料が報告書に添付されている。　□　　□

7．配置図、平面図、断面図

①設計図書、または耐震診断・補強時の設計図書の形状・寸法、用途区分が施設台帳と照合されている。　□　　□

8．建物全景写真

①各面が把握できる写真が報告書に添付されている。　□　　□

9．構造図

①建築時の設計図書、または耐震診断・補強時の設計図書、あるいは実測により作成されている。　□　　□

②建築時の設計図書（伏図、軸組図、柱・梁リスト）、または耐震診断・補強時の設計図書と実物は、同様である。

　YES　NO　　YES　NO
　□　　□　　□　　□

　NOの場合は、実測値をもとに構造図が作成されている。　□←　　□←

10．基本的な考え方

①未測定の項目は、満点評価されている。　□　　□

②必ず測定しなければならない項目は全て測定されている。　□　　□

11．調査者

①調査者は1級建築士である。　□　　□

（第2　構造耐力）

1．共通事項

①－1いわゆる新耐震設計基準施行以前に設計された建物であり、耐震診断を既に実施している。　□→ 2(A)へ　□→ 2(A)へ

①－2いわゆる新耐震設計基準施行以降に設計された建物である。　□→ 2(B)へ　□→ 2(B)へ

①－3いわゆる新耐震設計基準施行以前に設計された建物であり、耐震診断を実施していない。　□→ 2(C)へ　□→ 2(C)へ

2（A）．構造耐力（旧耐震・耐震診断実施済み）

①I_{sx}ならびにI_{sy}は地域係数 Z を 1.0、振動特性係数を Rt=1.0 として算定されている。　□　　□

②鉛直荷重に対する検討を実施している。　□　　□

③風荷重に対する検討を実施している。　□　　□

2（B）．構造耐力（新耐震建築物）

①構造耐力は、満点評価されている。

　YES　NO　　YES　NO
　□　　□　　□　　□

　NOの場合は、調査結果に基づき現状の問題点を反映した耐震診断を行い、その結果に基づき評価している。　□←　　□←

2（C）．構造耐力（旧耐震・耐震診断未実施）

①－1今般の耐力度調査の際に耐震診断を新たに行っている。　□→ 2(A)へ　□→ 2(A)へ

①－2今般の耐力度調査の際に耐震診断を新たに行っていない。　□→ ②~④へ　□→ ②~④へ

②鉛直荷重に対する検討を実施している。　□　　□

③風荷重に対する検討を実施している。　□　　□

④地震荷重に対する検討を実施している。　□　　□

設置者記入欄　　都道府県記入欄
確認　　該当なし　　確認　　該当なし

（第3　健全度）
1．経年変化
①長寿命化改良事業未実施の建物である。　[YES □　NO □]　[YES □　NO □]
　　NOの場合は、t_2を用いた式により評価がなされている。
2．筋かいのたわみ
①筋かいのたわみは、満点評価されている。
　　NOの場合は、調査結果に基づく評価がなされている。
3．鉄骨の腐食度
①鉄骨の腐食度は、満点評価されている。
　　NOの場合は、調査結果に基づき構造部材の腐食の程度に応じた評
　　価がなされている。
4．非構造部材等の危険度
①非構造部材等の危険度は、満点評価されている。
　　NOの場合は、調査結果に基づき非構造部材、設備、取り付け部な
　　どの危険の要因の数に応じた評価がなされている。
5．架構剛性性能
①架構剛性性能は、満点評価されている。
　　NOの場合は、風圧力ならびに地震力により発生する層間変形の大
　　きな方の値により架構剛性性能が評価されている。
6．不同沈下量
①不同沈下量は、満点評価されている。
　　NOの場合は、不同沈下量の測定結果に基づき評価されている。
7．火災による疲弊度
①火災による疲弊度は、満点評価されている。
　　NOの場合は、被災の程度が記入されている。（被災率S：　　　）
8．地震等による被災歴
①地震等による被災歴は、満点評価されている。
　　NOの場合は、被災の程度が記入されている。

（第4　立地条件）
1．地震地域係数
①地震地域係数は、建設省告示第1793号（最終改正：平成19年
　　国土交通省告示第597号）第1と整合がとれている。
2．地盤種別
①地盤種別は、基礎下の地盤を対象に建設省告示第1793号（最終
　　改正：平成19年国土交通省告示第597号）第2に基づいて区分
　　している。
3．敷地条件
①平坦地である。
　　NOの場合は、崖地あるいは盛土に該当することを、敷地図あるい
　　は実測により確認している。

	設置者記入欄		都道府県記入欄	
	確認	該当なし	確認	該当なし
4．積雪寒冷地域				
①積雪寒冷地域は、義務教育諸学校等の施設費の国庫負担等に関する 　法律施行令第7条第5項の規定に基づいている。	☐		☐	
5．海岸からの距離				
①海岸線までの距離は、地図で確認されている。	☐		☐	

第7章　　耐力度測定報告書作成例

7.1　例1〔2階建て園舎〕

本 例 の 要 旨

　本例題で用いた建物は、S造2階建て、片廊下式の幼稚園の園舎である。

　この建物の竣工年は昭和53年で、一部増築を行っている。

　設計図書のうち、意匠図と構造図が残されていたが、構造計算書は紛失していた。なお、施工時の写真が一部残されていたので参考にした。

【編集部注】

　本例題は、モデル建物を例題として模擬的に耐力度測定報告書に整理したものであり、特定の建物について評価したものではありません。

72　第7章　耐力度測定報告書作成例

別表第2
（表面）

鉄骨造の建物の耐力度調査票

	IV 学校種別	V 整理番号
	幼稚園	○○

I 調査学校

都道府県名	設置者名	学校名	学校調査番号	調査期間	平成 ** 年 ** 月 ** 日 ～ 平成 ** 年 ** 月 ** 日
○○○県	△△市	T幼稚園		調査者 職名 主任技術者　一級建築士登録番号 第123456号　氏名 ○○○○○○ 印	
				予備調査者 会社名 △設計事務所　一級建築士登録番号 第123456号　氏名 ○○○○○○ 印	

III 結果 点数	
Ⓐ 構造耐力 73 点	耐力度
Ⓑ 健全度 62 点	Ⓐ×Ⓑ×Ⓒ
Ⓒ 立地条件 0.90 点	4073 点

II 調査建物

建物区分	棟番号	階数	面積	建物の経過年数		被災歴		補修歴	
園舎		2+0	一階面積 503 ㎡ / 延べ面積 990 ㎡	建築年月 昭和53年 3月 / 経過年数 39年	長寿命化年月 年月 / 経過年数 年	種類 軽微	被災年 平成 23 年	内容	補修年 年

Ⓐ 構造耐力

階	方向	Qu/ΣW	F	Ai	Eoi	Isi	部材	鉛直荷重時			暴風時		応力比 f/σ≦1.0		1981年以前の場合	α評点	評点合計
								長期G+P	積雪時				鉛直荷重時	暴風時			
								許容応力 f	作用応力 σ	作用応力 σ	許容応力 f	作用応力 σ					
1	桁行方向X	0.26	1.00	1.25	0.21	0.21	はり 中央	152	74	-	235	74	2.05	3.17	Bα=min(a,1)×min(b,1)	⑦ fα=50×((min(Is,0.7)+1.3)×fα) Ⓐ=⑦	
							はり 両端	152	119	-	235	125	1.28	1.88			Ⓐ 73 点
							平均						1.67	2.52	1.00	73	
							柱	156	13.9	-	235	22	11.22	10.45			
							筋かい				-	-	-	-			
							二重枠内の最小値						a 1.00	b 1.00			
1	張間方向Y	0.16	1.00	1.00	0.16	0.16	はり 中央	152	31.1	-	235	32	4.89	7.41	Sα=min(c,1)×min(d,1)		
							はり 両端	152	70.3	-	235	107	2.16	2.19			
							平均						3.52	4.80	1.00		
							柱	156	13.9	-	235	46	11.22	5.11			
							筋かい				-	-	-	-			
							二重枠内の最小値						c 1.00	d 1.00			

架構耐力評価 α

Ⓑ 健全度

① 経年変化 T	経過年数 t	判別式（建築時からの経過年数）	経過年数 t₂	判別式（長寿命化改良後の経過年数）	評点		評点合計
	39 年	T=(40-39)/40 = 0.025	0 年	T=(30-t₂)/40 =	⑦ 0.025	④(⑦×25) 0.63 点	

② 筋かいのたわみ L	桁行方向 有 無	張間方向 有 無	屋根面 有 無		最低値 L	評点	
	無	無	無		L=1.0	⑦ 1.0 / ㊀(⑦×10) 10.0 点	⑦=(④+㊀+㊁+㉮+㊂+㉯)

③ 鉄骨腐食度 F	部材区分	断面欠損を伴う腐食 無	断面欠損を伴う腐食（10%以上の減厚）	断面を貫通する腐食	最低値 F	評点	
	主要構造材	(1.0)	0.5	0.0	F=1.0	⑦ 1.0 / ㊁(⑦×10) 10.0 点	62.1 点
	非主要構造材	(1.0)	0.5	0.0			

④ 非構造部材等の危険度 W	危険な要因1(0.8)	危険な要因2(0.6)	危険な要因3(0.5)	危険要因無し(1.0)	評価	評点	
	ALCパネル挿入筋溶接不良	-	-		W=0.8	㉮ 0.8 / ⑦(㉮×30) 24.0 点	

⑤ 架構剛性性能 θ	階	層間変位 δ		階高h		θ=δ/h		θの最大値	判別式	評点	
		桁行方向X	張間方向Y	桁行方向X	張間方向Y	桁行方向X	張間方向Y		θ≦1/200 1.0	㊂ 0.5 / ㊁(㊂×15) 7.5 点	Ⓑ=⑦×min(㉮,㊃)
	1	4.44	2.33	330	330	1/74	1/142	1/74	1/200<θ<1/120 直線補間 / (1/120≦θ) 0.5		

⑥ 不同沈下量 φ	階	相対沈下量 ε		スパンL		φ=ε/L		φの最大値	判別式	評点	
		桁行方向X	張間方向Y	桁行方向X	張間方向Y	桁行方向X	張間方向Y		(φ≦1/500) 1.0	㊃ 1.0 / ㉯(㊃×10) 10.0 点	Ⓑ 62 点
	-	0.00	0.00	730	691	0.0	0.0		1/500<φ<1/120 直線補間 / 1/120≦φ 0.5		

⑦ 火災による疲弊度 S	程度	構造体 変質	非構造材 全焼	非構造材 半焼	煙害程度	当該階の床面積 S₀	被災率S S=St/S₀	判別式	評点	
	被災床面積	S₁ 0	S₂ 0	S₃ 0	S₄ 0	503		(S=0) 1.0	㉱ 1.0 点	
	評価後被災面積	St=S₁+S₂×0.75+S₃×0.5+S₄×0.25 = 0.0						0<S<1 直線補間 / S=1 0.5		

⑧ 地震等による被災歴 E	被災歴なし 被災度区分軽微	被災度区分小破 補修工事済み	被災度区分中破 補修工事済み	被災度区分大破 補修工事済み	評価	評点	
	(1.0)	0.95	0.9	0.8	1.0	㊄ 1.0 点	

Ⓒ 立地条件

	① 地震地域係数		② 地盤種別		③ 敷地条件		④ 積雪寒冷地域		⑤ 海岸からの距離		評価	評点
立地条件	四種地域	1.0	一種地盤	1.0	平坦地	1.0	その他地域	(1.0)	海岸から8kmを超える	(1.0)	Ⓒ=(①+②+③+④+⑤)/5	
	三種地域	0.9	二種地盤	(0.9)	傾斜地 崖地（3m未満）	0.9	二級積雪寒冷地域	0.9	海岸から8km以内	0.9	= (0.8+0.9+0.8+1.0+1.0)/5	Ⓒ 0.90
	二種地域	0.85									= 0.90	
	一種地域	(0.8)	三種地盤	0.8	崖地（3m以上）	(0.8)	一級積雪寒冷地域	0.8	海岸から5km以内	0.8		

7.1 例1〔2階建て園舎〕 73

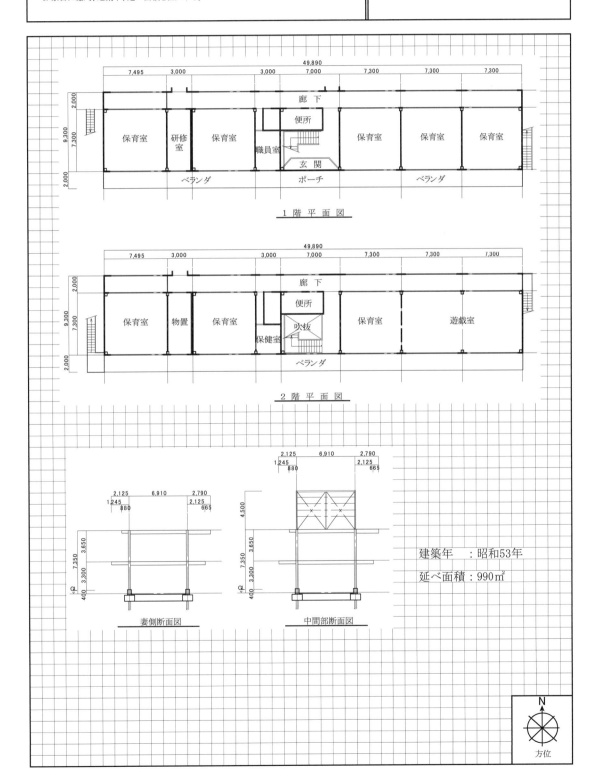

74 第7章 耐力度測定報告書作成例

7.1.1 建物概要

本事例は、S造2階建て幼稚園園舎である。

床面積は、1階 502.9 m²、2階 486.88 m²、延べ床面積は、989.78 m²、軒高 7.35 m、最高高さ 11.85 m で、短辺方向全長 11.16 m、1スパン（6.91 m）、長辺方向全長 49.5 m、8スパン（代表 7.30 m）である。竣工年は昭和 53 年で、一部増築を行っている。

外壁仕上げは ALC パネル（厚さ 60 mm）屋根仕上げは ALC パネルの上にアスファルト防水（片流れ）である。

構造的特徴は、次の通りである。

(1) 柱の断面は、1階2階共に日の字断面柱（H-250×250×9×14 カバープレート厚さ 12 および 16 mm）を用いている（図3参照）。

(2) 大梁の断面は、2階、R階共に H-400×200×8×13 を用いている。

(3) R階および2階の長辺全長に出幅 2.125 m の片持ちスラブ有り。

(4) 2階床の ALC パネルにひび割れ多数（幅 0.4 mm 以上）。

(5) 軸ブレースはない。

7.1.1.1 建物配置図

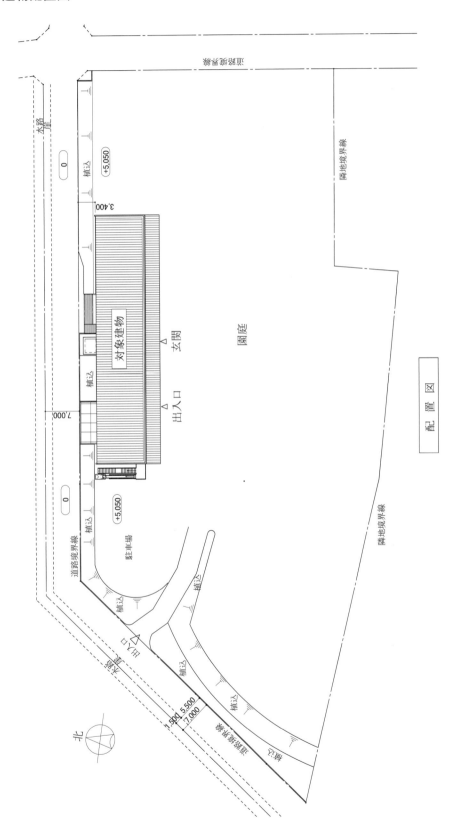

7.1.1.2 平面図、伏図、軸組図等

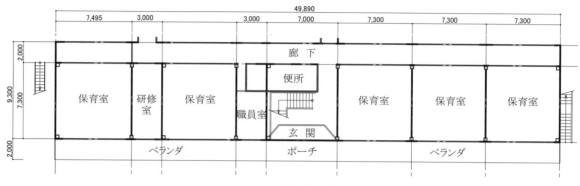

1 階平面図

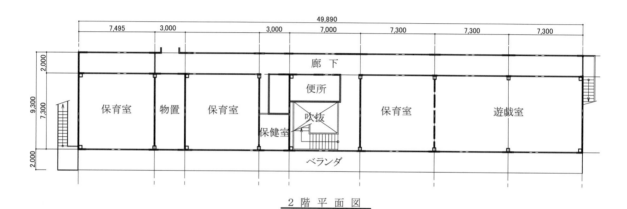

2 階平面図

図1 各階平面図

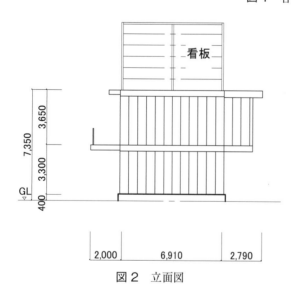

図2 立面図

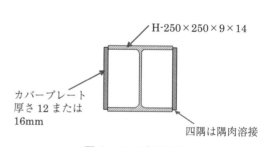

図3 日の字断面柱

7.1 例1〔2階建て園舎〕 77

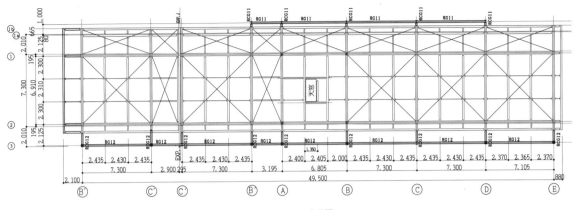

R階伏図

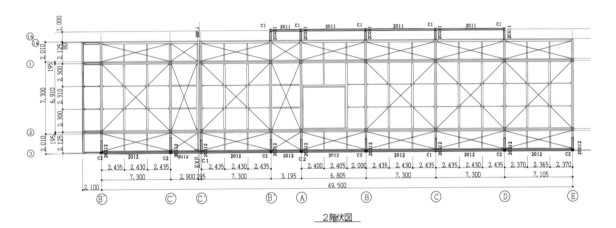

2階伏図

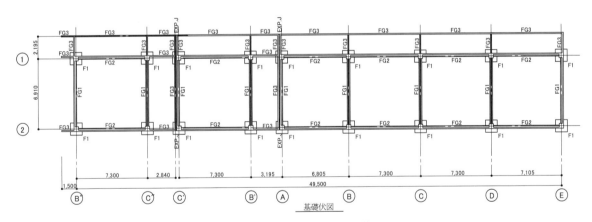

基礎伏図

図4 基礎伏図、2階、R階伏図

78　第7章　耐力度測定報告書作成例

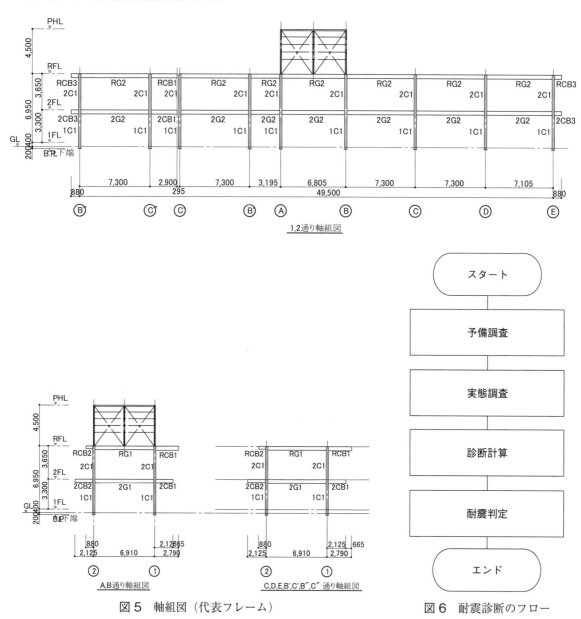

図5　軸組図（代表フレーム）　　　　図6　耐震診断のフロー

7.1.2　耐震診断

この建物の耐震診断は、図6の手順で行った。以下、各手順の概要を手順に従って示す。

7.1.2.1　予備調査

建物の所有者から意匠図、構造図についての貸与を受けたが、構造計算書は紛失していた。なお、建設時の写真などの施工記録が一部残されていたので、参考にした。ここで重要な点は、初動の段階でなるべく多くの情報を手に入れることであり、S造の場合、仕上げ材の種類、耐火被覆の有無は、特に実態調査で行う超音波探傷試験の位置の設定に特に重要となる。

耐火被覆材として石綿の疑いがあったが、調査機関により岩綿（吹付ロックウール）であることが判明した。

7.1.2.2 実態調査

実態調査は、スパン、階高、部材配置、部材寸法、継手、仕口などの接合部の採寸、接合部の超音波探傷試験をそれぞれ実施した。また、ALCパネルの取り付け状況についても可能な限り調査した。

柱は、H形鋼と隅肉溶接されたカバープレートを用いた日の字断面柱となっている（図7参照）。柱脚は、根巻き柱脚で、直接フーチングに定着している。実態調査では確認できなかったが、根巻き高さは、設計図書によるとベースプレート下端から600 mmである（図8参照）。超音波探傷は3箇所で行い、いずれも隅肉溶接であることが判明している。

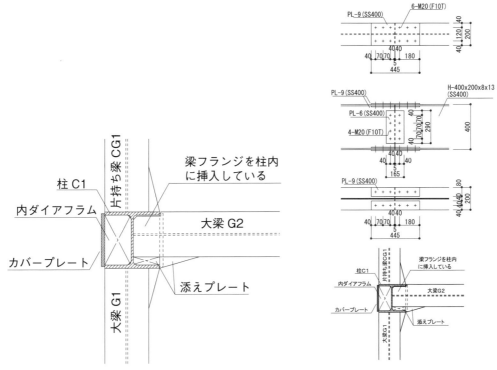

図7　接合部の詳細

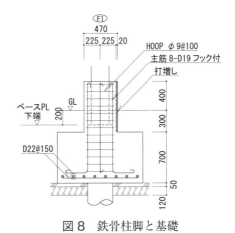

図8　鉄骨柱脚と基礎

7.1.2.3 耐震診断

耐震診断の計算を耐震診断プログラムにより行っている。このプログラムの特徴は、弾性応力計算と終局耐力の両方の計算を行うことと、日の字柱についても、そのままの形状で剛性及び耐力を計算することである。日の字柱の剛性は、強軸及び弱軸方向共にカバープレートが一体となっている際の剛性を算定する。終局耐力については、カバープレートが外れた場合を想定してH形断面として算定した結果を入力する。

柱・梁接合部は、柱の弱軸方向には、大梁のフランジがカバープレートを貫通して挿入されていることを確認した。ただし、柱のフランジとは、隅肉溶接されていたが、ウェブは溶接されていなかった。

梁端仕口の最大耐力については、梁の部材耐力に低減係数を乗じて計算した。図9に終局メカニズム図を代表フレームについて示す。X方向では、梁端仕口の最大耐力が部材の全塑性耐力を下回るので、地震時応力を増加させていずれかの接合部が最大耐力に達する時点の水平力を保有水平耐力とした。

Y方向では、梁の横補剛が不足するため、スパンの中間点で降伏が想定された。また柱・梁接合部では、内ダイアフラムおよび大梁フランジによりパネルゾーンが形成されていること、日の字柱であることから靭性指標が1.0に制限される点を考慮して、パネルゾーンの降伏耐力を採用した。

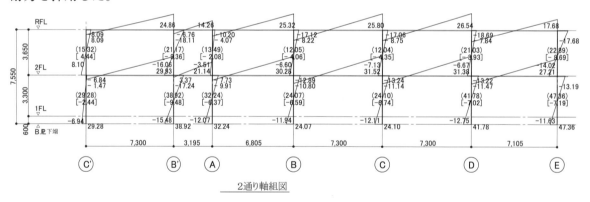

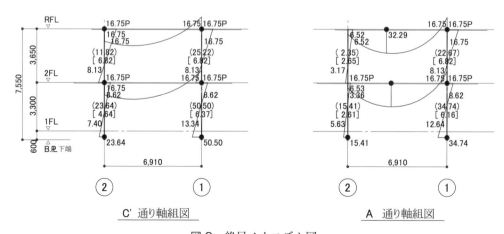

図9 終局メカニズム図

7.1.2.4 耐震判定

実態調査結果、診断計算結果を総合して、最終的な耐震診断結果をまとめると、以下の通りとなる。

この場合、地域係数 $Z = 1.0$、新道特性係数 $Rt = 1.0$ として、I_S を計算する。

（1）張間方向（短辺方向）

既存鉄骨造建物の耐震診断結果								
建物名称： T 幼稚園耐震診断								
所 在 地： 埼玉県								
建設年月： 昭和 53 年 6 月			診 断 者： △					
方　　向： Y（L → R）			診断年月日：					
地震地域係数：　Z = 1.00　　振動特性係数：　Rt = 1.00								
階	Cui	Fi	Ai	Eoi	Fesi	Isi	qi	コメント
2FL	0.19	1.00	1.25	0.16	1.00	0.16	0.60	層崩壊
1FL	0.16	1.00	1.00	0.16	1.00	0.16	0.60	層崩壊
コメントなし								

（2）桁行方向（長辺方向）

既存鉄骨造建物の耐震診断結果								
建物名称： T 幼稚園耐震診断								
所 在 地： 埼玉県								
建設年月： 昭和 53 年 6 月			診 断 者： △					
方　　向： X（L → R）			診断年月日：					
地震地域係数：　Z = 1.00　　振動特性係数：　Rt = 1.00								
階	Cui	Fi	Ai	Eoi	Fesi	Isi	qi	コメント
2FL	0.26	1.00	1.25	0.21	1.00	0.21	0.80	弾性限耐力
1FL	0.16	1.00	1.00	0.16	1.00	0.16	0.61	弾性限耐力
コメントなし								

7.1.3 耐力度調査票

　　　　調査対象学校　幼稚園

　　　　調査対象建物　園舎

82　第 7 章　耐力度測定報告書作成例

7.1.3.1　構造耐力

構造耐力は、耐震診断結果の I_S 指標に基づき 100 点満点で評価する。本件は、竣工年が一部昭和 56 年以前であることから、鉛直荷重、風荷重に対する検討も行う。

架構耐力評価　$_f\alpha = \min(_\beta\alpha, _S\alpha)$

$\alpha = 50 \times \{\min(I_S, 0.7) + 1.3\} \times {_f\alpha}$

$_\beta\alpha$：桁行方向における部材別の検定比の逆数のうち、鉛直荷重時の最低値に暴風時の最低値を乗じた値。

$_S\alpha$：張間方向における部材別の検定比の逆数について、前記 $_\beta\alpha$ と同様に算定した値。なお、張間方向で、妻架構と中間架構のいずれの $_S\alpha$ が小さくなるか不明な場合は、両方について算定し、小さい方を採用する。

架構の鉛直荷重時及び暴風時の検討結果は、いずれも許容応力度レベルではクリアしているので、すべて 1.0 を上回っている。

耐震診断結果より、張間方向は梁端仕口の溶接耐力で、桁行方向は日の字柱の弱軸方向に取り付く梁端仕口の耐力に基づく弾性限耐力でそれぞれ架構の保有水平耐力が決定されている。

架構耐力評価　$_f\alpha = \min(_\beta\alpha, _S\alpha) = 1.0$

Ⓐ構造耐力は、

$\underline{\alpha = 50 \times \{\min(I_S, 0.7) + 1.3\} \times {_f\alpha} = 50 \times \{\min(0.16, 0.7) + 1.3\} \times 1.0 = 73.0 \quad \rightarrow \quad 73\,点}$

であり、評点合計欄に 73 を記入する。

7.1.3.2　健全度

耐力度調査票のⒷ健全度は、建物全体の経年変化、たわみや腐食などの損傷の有無、非構造材の危険度、被災履歴の有無で評価するが、本建物の場合は、経年変化、非構造材の危険度と架構剛性が低いことによる評点の低減が大きい。

① 経年変化：T

竣工がもっとも古い部分の第Ⅰ期が昭和 53 年なので、経過年数は、39 年となる。またこれまでに長寿命化改良を行っていない。したがって、$T = (40 - 39)/40 = 0.025$ となる。

評点は、係数 25 を乗じて 0.625　→　0.63 点となる。

② 筋かいのたわみ：L

本建物には、軸組筋かい、屋根面筋かい、床面筋かいが無いので、該当位置のたわみを「無」、$L = 1.0$ とし、評点の 10 点をそれぞれ記入する。

③ 鉄骨腐食度：F

実態調査の結果、柱、大梁、柱脚の主要構造部のいずれについても点さびまたは薄く変色している程度であった。また、間柱、小梁などの非主要構造材についても同じであった。したがって、「断面欠損（減厚）を伴う腐食は発生していない」欄をそれぞれ○で囲み、$F = 1.0$とし、評点の10点をそれぞれ記入する。

減厚を伴う腐食とは、写真1、写真2では中程度の事例を、写真3、写真4は重度の事例をそれぞれ示している。

写真1 中程度のさびの例（幅及び厚さが約2%減少）

写真2 中程度のさびの例（アンカーボルトのネジ山はある）

写真3 重度のさびの例（ウェブが溶け落ちている）

写真4 重度のさびの例（アンカーボルトのネジ山が溶けて無い）

84　第7章　耐力度測定報告書作成例

④　非構造部材等の危険度：W

　非構造部材等の各危険要因について、本建物の場合の適用を表1のチェックリストにまとめた。

表1　非構造部材等の危険要因チェックリスト

非構造部材等の個所と危険要因	本建物の場合	適用
6 m 超の高さ若しくは水平投影面積 200 m² 超に設置された単位面積質量 2 kg/m² 超の吊り天井の耐震対策が行われていない。	天井高さは 2 階 2.9 m、1 階 3.1 m 最大投影面積 52 m²	—
ラスモルタルや縦壁挿入筋構法の ALC パネルなど、変形追従性の乏しい壁が取り付けられている。	ALC パネルの縦壁があり、挿入筋構法による不完全な溶接取付である。	☑
非構造部材の取り付け部が腐食している。	腐食は見られない。	—
二次部材や二次部材の接合部に腐食や損傷が見られる。	軽微な腐食がある。	—
硬化性シーリング材を用いたはめ殺しの窓ガラスが設置されている。	はめ殺し窓は無い。	—
窓ガラスのサッシがスチールサッシである。	アルミサッシ。	—
地震時に照明が落下する可能性がある（耐震対策が行われていない）。	蛍光灯及びダウンライトが天井に固定されている。	—
地震時に設備（照明以外）が落下する可能性がある（耐震対策が行われていない）。	スピーカー、変圧器、無線機器などは無い。	—
コンクリートブロックの外壁や間仕切りが設置されている。	ブロック造の LP ガス置き場が別途建物から離れてあるが危険はない。	—
その他、家具などの什器の固定。	什器は、すべて固定されている。	—

　表1に示すように、危険要因は ALC パネルの取り付けに関する事項1点であり、「危険な要因 1(0.8)」欄に「ALC パネル挿入筋溶接不良」と記し、評価を 0.8、係数 30 を乗じて評点を 24 点とそれぞれ記入する。

⑤　架構剛性性能：θ

　架構剛性は、耐震診断時に行った弾性応力解析の結果から、2 階よりも 1 階の層間変位が大きく、桁行（X）方向で 4.44 cm、張間（Y）方向が 2.33 cm であり、階高 330 cm に対して 1/74 と 1/142 であり、最大 1/74 を架構剛性性能 θ に採用する。$1/120 \leqq \theta$ であることから、評点は 0.5 に係数 15 を乗じて 7.5 点となる。

⑥　不同沈下量：ϕ

　本建物は、既製コンクリート杭基礎で、各柱に 1 本以上配置されている。実態調査でも不同沈下は認められず、$\phi \leqq 1/500$ となり、評点は 10 点である。

⑦　火災による疲弊度：S

　これまでに火災経験がなく、「構造体の変質」、「非構造材全焼」、「非構造材半焼」、「煙害程度」の各被災面積は $0.0\,\mathrm{m}^2$ である。したがって、被災率 $S = 0.0$ となり、評点は 1.0 点である。

⑧　地震等による被災歴：E

　平成 25 年 9 月に行った実態調査の時点では、被災したと考えられるような変質は認められず、建築主への聴取でも補修などを行っていないとのことであった。したがって、地震等による被災歴 $E = 1.0$、評価を 1.0、評点を 1.0 点とそれぞれ記入する。

したがって、Ⓑ健全度は、

　Ⓑ ＝ (0.63 ＋ 10.0 ＋ 10.0 ＋ 24.0 ＋ 7.5 ＋ 10.0) × min(1.0, 1.0) ＝ 62.13　→　62 点

となる。

7.1.3.3　立地条件

　耐力度調査票のⒸ立地条件は、敷地環境などに関する 5 項目の係数の平均で評価し、0.8〜1.0 の範囲で評点を求める。

①　地震地域係数

　建設地は埼玉県東部で、建設省告示第 1793 号（最終改正：平成 19 年国土交通省告示第 597 号）第 1 の Z の数値が 1.0 に該当する。したがって、表 5.2 対応表（p.62 参照）の一種地域に相当するので、地震地域係数は 0.8 となる。このように、地震地域係数は、Z の数値との対応が逆順であるので、必ずこの対応表で確認する必要がある。

表 5.2　対応表

耐力度調査票		建設省（国土交通省）告示	
地震地域係数		地方	数値
四種地域	1.0	（4）	0.7
三種地域	0.9	（3）	0.8
二種地域	0.85	（2）	0.9
一種地域	0.8	（1）	1.0

②　地盤種別

　地盤種別は、解説によると、表 2 のように区分して照合することと指定されている。本建物の場合は、第二種地盤であるので、係数 0.9 に○印を記入する。

86　第7章　耐力度測定報告書作成例

表2　基礎の種類ごとの地盤種別

基礎の種類	区　　　　分	本建物の場合
直接基礎	基礎下の地盤種別により判断する。	該当しない。
細長い杭基礎		ϕ 350、杭長 12 m と細長い杭に相当するので、基礎下の地盤種別の第二種地盤を採用する。
剛強な杭基礎	杭先端の地盤種別により判断する。ボーリングデータにより確認する。柱状図の写しを添付する必要有り。	該当しない。

③　敷地条件

　敷地には高低差が5m程度有り、既製コンクリート製の擁壁が配置されている。建物の縁は、擁壁の下端から3.4m程度（高さの2倍以内）離れている。したがって、「崖地（3m以上）」欄の係数0.8に○印を付ける。

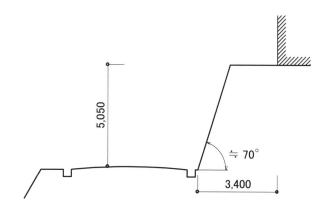

④　積雪寒冷地域

　寒冷地ではないため、係数は1.0とする。

⑤　海岸からの距離

　海岸からは、8kmを超えて離れているため、係数を1.0とする。

以上、Ⓒ立地条件5項目の係数の平均を求めると、評価は、

　Ⓒ ＝ (0.8 ＋ 0.9 ＋ 0.8 ＋ 1.0 ＋ 1.0)/5 ＝ 0.90

となり、評点も0.90と記入する。

7.1.4　結果点数と耐力度

　耐力度は、Ⓐ構造耐力評点×Ⓑ健全度評点×Ⓒ立地条件評点で求める。これまでの結果から、

　　　耐力度 ＝ 73 × 62 × 0.90 ＝ 4073.4　　→　　4073 点

となる。

7.2 例2 〔屋内運動場（RSタイプ）〕

本例の要旨

　本例題で用いた建物は、ギャラリーより下部がRC造で、上部がS造の屋内運動場（RS1bタイプ）である。

　この建物の竣工年は昭和45年で、いわゆる旧耐震設計法で設計されていたため、耐力度測定に際して、改めて弾性応力解析を行い、耐震診断の結果と合わせて構造耐力を評価した。

　設計図書のうち、意匠図と構造図が残されていたが、構造計算書は紛失していた。

【編集部注】
　本例題は、モデル建物を例題として模擬的に耐力度測定報告書に整理したものであり、特定の建物について評価したものではありません。

88　第7章　耐力度測定報告書作成例

別表第2
（表面）

鉄骨造の建物の耐力度調査票

	IV 学 校 種 別	V 整 理 番 号
	小学校	○○

		III 結 果 点 数	
Ⓐ	構 造 耐 力	80 点	耐 力 度
Ⓑ	健 全 度	57 点	Ⓐ×Ⓑ×Ⓒ
Ⓒ	立 地 条 件	0.94 点	4286 点

I 調査学校

都道府県名	設置者名	学 校 名	学校調査番号	調 査 期 間
東京都	△△区	M小学校		平成 ** 年 ** 月 ** 日 ～ 平成 ** 年 ** 月 ** 日

	職 名	一級建築士登録番号	氏 名
調査者	主任技術者	第123456号	○○○○○○ 印
予備調査者	会社名 △設計事務所	一級建築士登録番号 第123456号	氏 名 ○○○○○○ 印

II 調査建物

建物区分	棟番号	階 数	面 積	建物の経過年数		被 災 歴			補 修 歴	
屋内運動場		2+0	一階面積 625.1 ㎡ 延べ面積 704.4 ㎡	建築年月 昭和45年 3月 経過年数 47年	長寿命化年月 年 月 経過年数 年	種類 軽微	被災年 平成 23	内容	補修年 年	

Ⓐ 構 造 耐 力

	階	方向	Qu/ΣW	F	Ai	Eoi	Isi	部材	鉛直荷重時 長期G+P 許容応力 f	鉛直荷重時 長期G+P 作用応力 σ	積雪時 作用応力 σ	暴風時 許容応力 f	暴風時 作用応力 σ	応力比 f/σ≦1.0 鉛直荷重時	応力比 f/σ≦1.0 暴風時	1981年以前の場合	α評点	評点合計
架構耐力評価 α	2	桁行方向X	0.43	1.30	1.22	0.45	0.30	はり 中央	145	34	－	218	34	4.28	6.41	Bα=min(a,1)×min(b,1)	⑦ α=50×((min(Is,0.7)+1.3)×fα) Ⓐ=⑦	
								はり 両端	145	35		218	38	4.10	5.66			
								平均						4.19	6.04	fα=min(Bα,sα)		Ⓐ 80 点
								柱	90	16.7		134	20.2	5.37	6.65	1.00		
								筋かい				235	144.4		1.63			
								二重枠内の最小値						a 1.00	b 1.00			
	1	張間方向Y	0.68	1.30	1.00	0.88	0.88	はり 中央	143	45.2	－	215	54.9	3.16	3.91	sα=min(c,1)×min(d,1)	80.0	
								はり 両端	143	49.5		215	70.6	2.89	3.04	1.00		
								平均						3.03	3.48			
								柱	89.6	74.2		134	104	1.21	1.30			
								筋かい						－	－	1.00		
								二重枠内の最小値						c 1.00	d 1.00			

Ⓑ 健 全 度

		経過年数 t	判別式（建築時からの経過年数）	経過年数 t₂	判別式（長寿命化改良後の経過年数）	評 点		評点合計
① 経 年 変 化 T		47 年	T=(40-t)/40 = 0.0	0 年	T=(30-t₂)/30 =	⑦ 0.0	⑦×25 0.0	⑦=(⑦+㋺+㋩+㋥+㋭+㋬+㋣) 56.5 点

		桁行方向 有 無	張間方向 有 無	屋根面 有 無	最低値 L	評 点	
② 筋かいのたわみ L		有	無	有	L= 0.5	㋺ 0.5	㋺×10 5.0

	部材区分	断面欠損を伴う腐食 無	断面欠損を伴う腐食（10%以上の減厚）	断面を貫通する腐食	最低値 F	評 点	
③ 鉄骨腐食度 F	主要構造材	1.0	0.5	0.0	F= 1.0	㋩ 1.0	㋩×10 10.0
	非主要構造材	1.0	0.5	0.0			

	危険な要因1（0.8）	危険な要因2（0.6）	危険な要因3（0.5）		評価	評 点	
④ 非構造部材等の危険度 W	ALCパネル挿入筋溶接不良	－	－	危険要因無し（1.0）	W= 0.8	㋥ 0.8	㋥×30 24.0

	階	層間変位 δ 桁行方向X	層間変位 δ 張間方向Y	階高h 桁行方向X	階高h 張間方向Y	θ=δ/h 桁行方向X	θ=δ/h 張間方向Y	θの最大値	判 別 式		評 点	
⑤ 架構剛性性能 θ	1	3.40	1.94	390	720	1/115	1/371	1/115	θ≦1/200 1.0 1/200<θ<1/120 直線補間 1/120≦θ 0.5		㋭ 0.5	㋭×15 7.5

	階	相対沈下量 ε 桁行方向X	相対沈下量 ε 張間方向Y	スパンL 桁行方向X	スパンL 張間方向Y	φ=ε/L 桁行方向X	φ=ε/L 張間方向Y	φの最大値	判 別 式		評 点	
⑥ 不同沈下量 φ	－	0.00	0.00	410	1800	0.0	0.0		φ≦1/500 1.0 1/500<φ<1/120 直線補間 1/120≦φ 0.5		㋬ 1.0	㋬×10 10.0

	程度	構造体 変質	非構造材 全焼	非構造材 半焼	煙害程度	当該階の床面積 S₀	被災率S S=Sₜ/S₀	判 別 式		評 点	
⑦ 火災による疲弊度 S	被災床面積 S₁ 0	S₂ 0	S₃ 0	S₄ 0		503	S=0	0<S<1 直線補間		㋣ 1.0	
	評価後被災面積 Sₜ	Sₜ=S₁+S₂×0.75+S₃×0.5+S₄×0.25 =		0.0			0.0	S=1			

	被災歴なし 被災度区分軽微	被災度区分小破 補修工事済み	被災度区分中破 補修工事済み	被災度区分大破 補修工事済み	評 価	評 点	
⑧ 地震等による被災歴 E	1.0	0.95	0.9	0.8	1.0	㋬ 1.0	

Ⓑ=⑦×min(㋐,㋬) Ⓑ 57 点

Ⓒ 立地条件

	① 地震地域係数		② 地 盤 種 別		③ 敷 地 条 件		④ 積雪寒冷地域		⑤ 海岸からの距離		評 価	評 点
立地条件	四種地域	1.0	一種地盤	1.0	平 坦 地	1.0	その他地域	1.0	海岸から8kmを超える	1.0	Ⓒ=①+②+③+④+⑤ / 5 = 0.8+0.9+1.0+1.0+1.0 / 5 = 0.94	Ⓒ 0.94
	三種地域	0.9	二種地盤	0.9	傾 斜 地 崖地（3m未満）	0.9	二級積雪寒冷地域	0.9	海岸から8km以内	0.9		
	二種地域	0.85	三種地盤	0.8	崖地（3m以上）	0.8	一級積雪寒冷地域	0.8	海岸から5km以内	0.8		
	一種地域	0.8										

7.2 例2〔屋内運動場（RSタイプ）〕 89

(裏面)

1. 調査建物の各階の平面図、断面図を単線で図示し、筋かいの位置は、他の壁と区別できるような太線とする。

2. 寸法線と寸法(単位メートル)を記入する。

3. 著しいさび、座屈については、平面図、断面図に図示する。

4. 余白に縮尺、建築年、延べ面積を記入する。

学 校 名	M小学校
調 査 者 の 意 見	

・接合部の溶接耐力が不足している。
・2階のALCパネルの一部にひび割れがある。

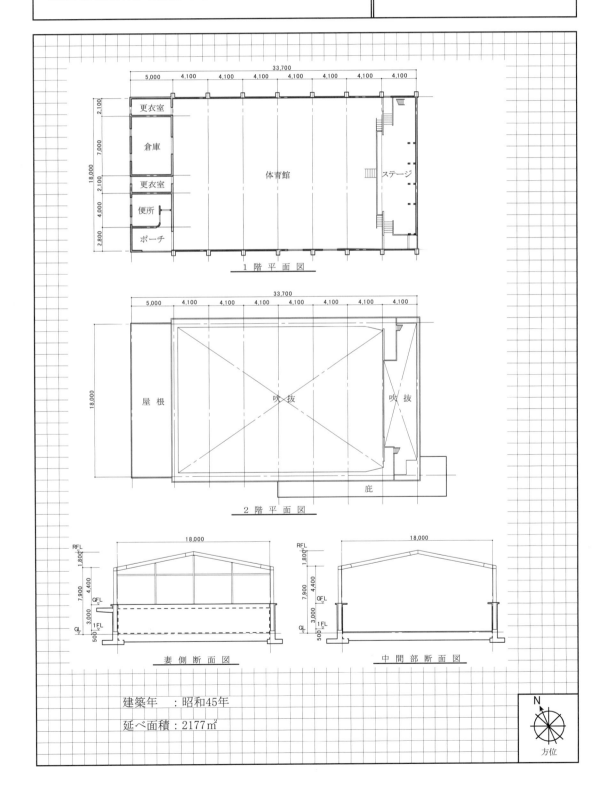

90   第7章   耐力度測定報告書作成例

7.2.1   建物概要

本事例は、小学校に付属する屋内運動場で、ギャラリーより下部がRC造、上部がS造の
RS1bタイプである。

床面積は1階625.1 m²、ギャラリー階79.3 m²、延べ床面積は704.4 m²、軒高7.90 m、最
高高さ9.70 mで、短辺方向全長19.15 m、1スパン（18.0 m）、長辺方向全長33.9 m、7スパ
ン（代表4.10 m）、下屋1スパン、竣工年は昭和45年である。外壁仕上げは、ALCパネル
（厚さ100 mm）、屋根仕上げは長尺カラー鉄板（t = 0.4）切妻屋根である。

構造的特徴は、次の通りである。

(1) ギャラリーより下部のRC柱の断面は、450 × 650 mmで、充腹鉄骨柱材
（H-400 × 200 × 8 × 13）を内蔵している。

(2) 大梁の断面は張間方向がH-400 × 200 × 8 × 13、桁行方向は、H-125 × 125 × 6.5 × 9
を用いている。

(3) ギャラリーはRC造で、長辺と下屋側の妻面に出幅1.4 mの片持ちスラブで配置されて
いる。

(4) 軸ブレースはL-65 × 65 × 6が各1箇所ずつ計2箇所配置されている。

7.2.1.1 建物配置図

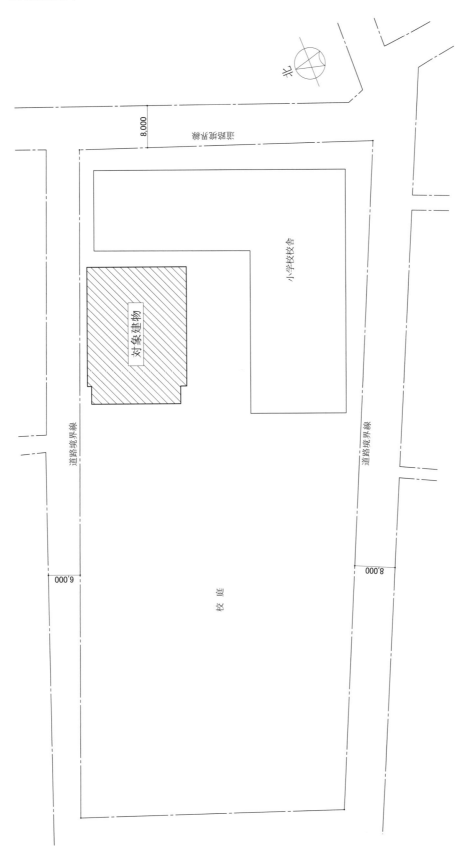

7.2.1.2 平面図、伏図、軸組図等

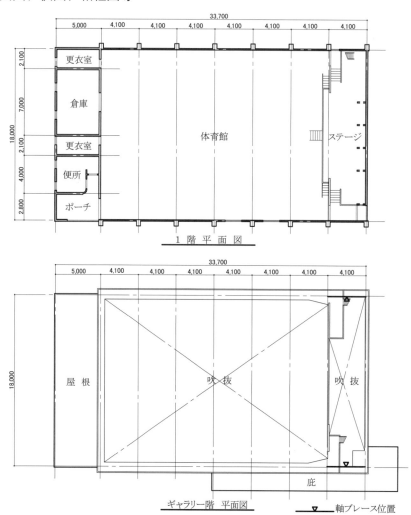

図1 各階平面図

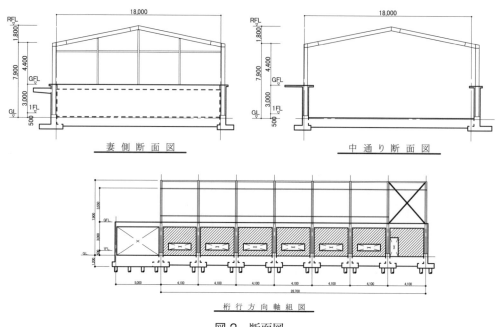

図2 断面図

7.2 例2〔屋内運動場（RSタイプ）〕 93

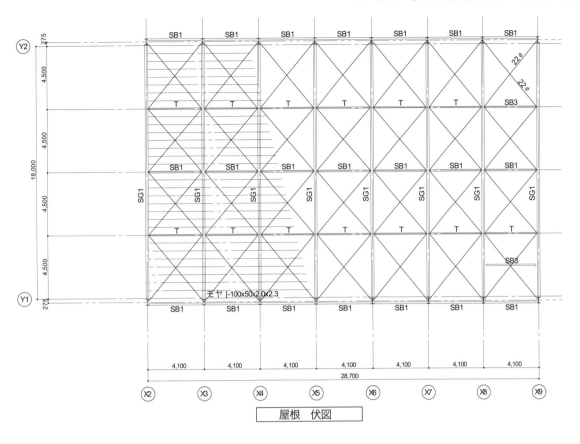

屋根 伏図

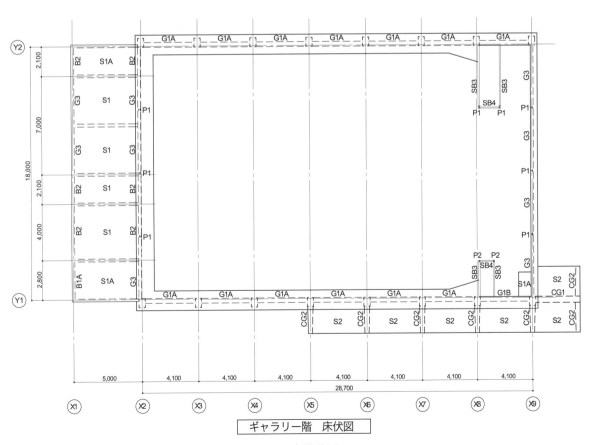

ギャラリー階 床伏図

図3 各階伏図

94　第 7 章　耐力度測定報告書作成例

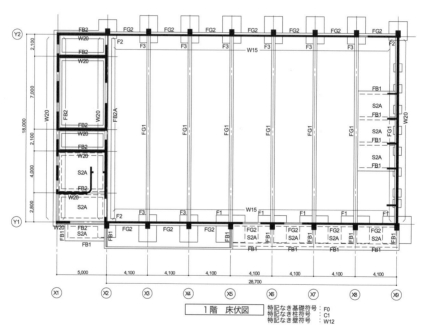

図 4　基礎伏図

7.2 例2〔屋内運動場（RSタイプ）〕 95

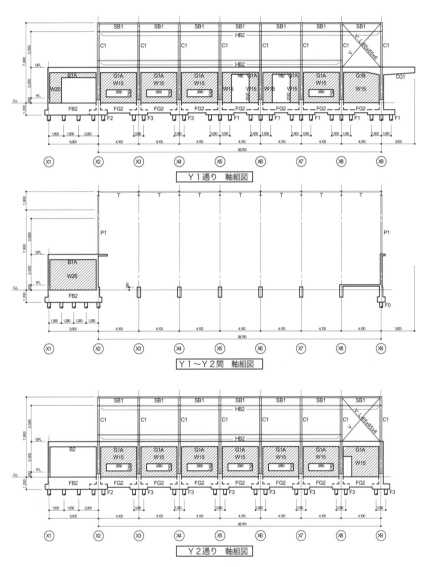

図5 桁行方向軸組図

96　第7章　耐力度測定報告書作成例

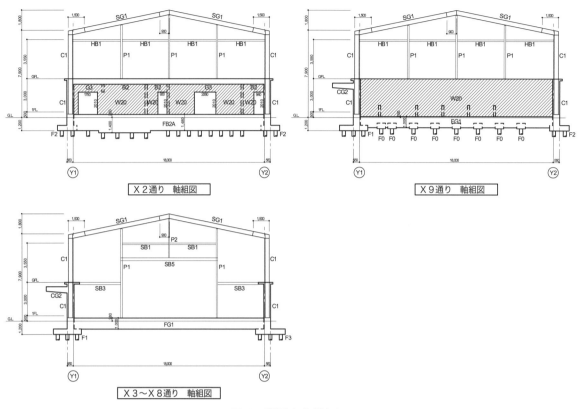

図6　張間方向軸組図

7.2.2　耐震診断

この建物の耐震診断は、7.1　例1の手順と同様に行った。以下、各手順の概要を手順に従って示す。

7.2.2.1　予備調査

建物の所有者から意匠図、構造図についての貸与を受けたが、構造計算書は紛失していた。実態調査で行う足場の位置や超音波探傷試験の位置の設定を行った。

7.2.2.2　実態調査

実態調査は、スパン、階高、部材配置、部材寸法、継手、仕口などの接合部の採寸、剛接合部の超音波探傷試験をそれぞれ実施した。また、ALCパネルの取り付け状況についても調査した。

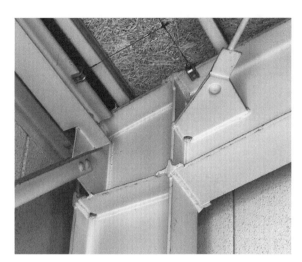

写真 1　柱・梁接合部の溶接状況

フランジは柱フランジへ完全溶け込み溶接されていると考えられる（写真 1 参照）。
スカラップ孔径は 35 mm であった。
屋根面筋かい接合部は、図面の通りであった（写真 2 参照）。

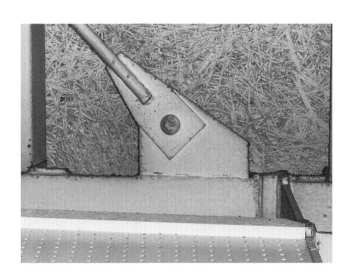

写真 2　屋根面筋かい接合部

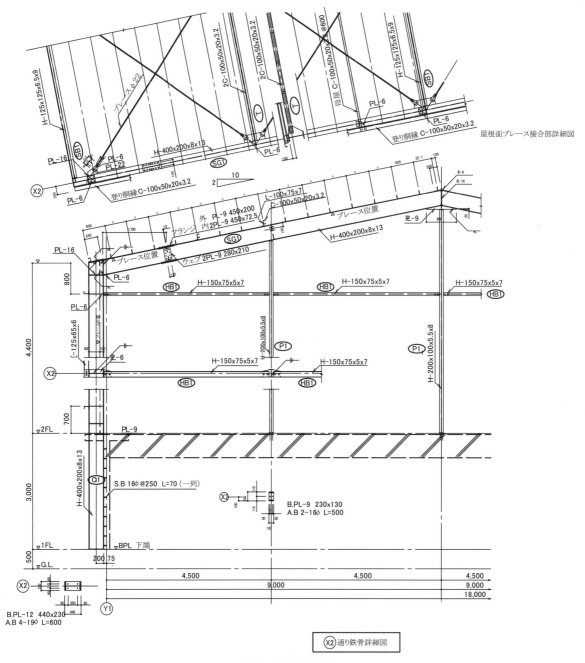

図7 架構詳細図

　ガセットプレートの厚さ、ボルト径、本数は、設計図書の通りであった（写真2、写真3参照）。

　ガセットプレートの長さおよび幅、端あきなどの寸法は設計図書に記載がなかったため実測した結果を図7、図8に示す。

7.2 例2〔屋内運動場（RSタイプ）〕 99

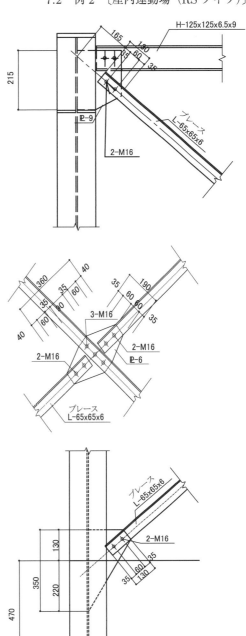

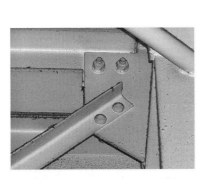

写真3　軸組筋かい接合部　　　　　図8　軸組筋かい接合部詳細図

7.2.2.3　耐震診断

耐震診断の計算を張間方向は、弾塑性解析プログラムにより、桁行方向は手計算により行った。以下にその概要を示す。

（1）張間方向構面の終局耐力

各部材の耐力と終局メカニズム時のヒンジ位置をまとめると以下のようになる（図9、図10参照）。

100　第 7 章　耐力度測定報告書作成例

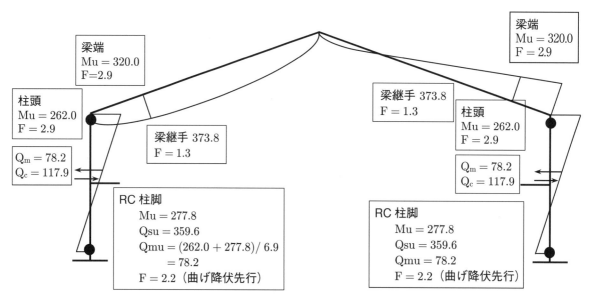

図 9　張間方向各部材の終局耐力とメカニズム

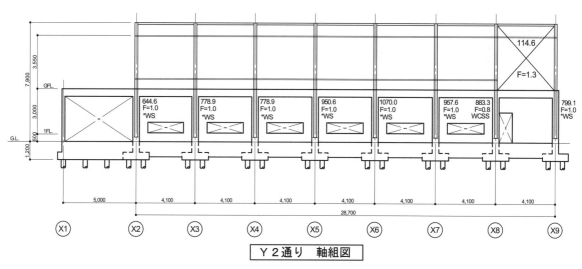

図 10　桁行方向の終局メカニズム

7.2.2.4　耐震判定

○耐震診断結果

(1) 張間方向（Y 方向）

アリーナをゾーニングし、単独フレームの耐力に基づく結果

階	C	F	TYPE	1/Ai	Eo	Fes	Is	q	判定
1	0.68	1.30	柱曲げねじれ座屈 梁端溶接欠陥 RC 柱脚降伏	1/1.0	0.88	1.0	0.88	2.72	OK

7.2 例2〔屋内運動場（RSタイプ）〕 101

(2) 桁行方向（X方向）

階	C	F	TYPE	1/Ai	Eo	Fes SD	Is	q C$_{TU}$・S$_D$	判定
上層	0.43	1.30	筋かい接合部破断	1/1.22	0.45	1.5	0.30	0.92	NG
下層	3.34	1.00	そで壁付柱	1.0	3.34	1.0	3.34	11.1	OK

7.2.3 耐力度調査票

調査対象学校　　小学校
調査対象建物　　屋内運動場
調査単位　　　　1棟

7.2.3.1 構造耐力

構造耐力は、耐震診断結果の I_S 指標に基づき100点満点で評価する。本件は、竣工年が昭和56年以前であることから、鉛直荷重、風荷重に対する検討も行う。

架構耐力評価　　$_f\alpha = \min(_\beta\alpha, _S\alpha)$

$\alpha = 50 \times \{\min(I_S, 0.7) + 1.3\} \times _f\alpha$

$_\beta\alpha$：桁行方向における部材別の検定比の逆数のうち、鉛直荷重時の最低値に暴風時の最低値を乗じた値。

$_S\alpha$：張間方向における部材別の検定比の逆数について、前記 $_\beta\alpha$ と同様に算定した値。なお、張間方向で、妻架構と中間架構のいずれの $_S\alpha$ が小さくなるか不明な場合は、両方について算定し、小さい方を採用する。

架構の鉛直荷重時及び暴風時の結果は、いずれも許容応力度レベルではクリアしているので、すべて1.0を上回っている。

耐震診断結果より、張間方向は柱頭の曲げねじれ座屈耐力で、桁行方向はブレース接合部の耐力で、それぞれ架構の保有水平耐力が決定されている。

架構耐力評価　　$_f\alpha = \min(_\beta\alpha, _S\alpha) = 1.0$

Ⓐ構造耐力は、

$\alpha = 50 \times \{\min(I_S, 0.7) + 1.3\} \times _f\alpha = 50 \times \{\min(0.3, 0.7) + 1.3\} \times 1.0 = 80.0 \quad \rightarrow \quad 80$点

であり、評点合計欄に80を記入する。

7.2.3.2 健全度

耐力度調査票の⑬健全度は、建物全体の経年変化、たわみや腐食などの損傷の有無、非構造材の危険度、被災履歴の有無で評価するが、本建物の場合は、経年変化、非構造材の危険度と架構剛性が低いことによる評点の低減が大きい。

① 経年変化：T

竣工が昭和45年なので、経過年数は47年となる。またこれまでに長寿命化改良を行っていない。したがって、$T=0.0$、評点は、0.0点となる。

② 筋かいのたわみ：L

本建物には、桁行方向の軸組筋かいと屋根面筋かいに残留たわみが観測されたので、該当位置のたわみを「有」、$L=0.5$とし、評点の5点をそれぞれ記入する。

地震で被災した建物の筋かいでは、接合部で損傷が残る場合が多い。しかしながら変形が残留している事例も多く見受けられる（写真4参照）。また、特に非対称の開断面材（例えばカットT材）に温度応力によるたわみが見受けられる（写真5参照）。

写真4　筋かいのたわみの例　　写真5　温度応力により変形した筋かいの例（カットT断面）

③ 鉄骨腐食度：F

実態調査の結果、柱、大梁、柱脚の主要構造部のいずれについても点さびなどは観測されなかった。また、間柱、小梁などの非主要構造材についても同じであった。したがって、「断面欠損（減厚）を伴う腐食は発生していない」欄をそれぞれ○で囲み、$F=1.0$とし、評点の10点をそれぞれ記入する。

7.2 例2 〔屋内運動場（RS タイプ）〕 103

④ 非構造部材等の危険度：W

　非構造部材等の各危険要因について、本建物の場合の適用を表1のチェックリストにまとめた。

表1　非構造部材等の危険要因チェックリスト

非構造部材等の個所と危険要因	本建物の場合	適用
6 m 超の高さ若しくは水平投影面積 200 m² 超に設置された単位面積質量 2 kg/m² 超の吊り天井の耐震対策が行われていない。	天井は無く、1 階ステージ上は、ぶどう棚のみ。	―
ラスモルタルや縦壁挿入筋構法の ALC パネルなど、変形追従性の乏しい壁が取り付けられている。	ALC パネルの縦壁があり、挿入筋構法で、点付け溶接となっている。	☑
非構造部材の取り付け部が腐食している。	腐食は見られない。	―
二次部材や二次部材の接合部に腐食や損傷が見られる。	軽微な腐食がある。	―
硬化性シーリング材を用いたはめ殺しの窓ガラスが設置されている。	はめ殺し窓は無い。	―
窓ガラスのサッシがスチールサッシである。	アルミサッシ。	―
地震時に照明が落下する可能性がある（耐震対策が行われていない）。	ステージ上の蛍光灯及びダウンライトが天井に固定されている。アリーナの照明には、落下防止用ワイヤが取付けられている。	―
地震時に設備（照明以外）が落下する可能性がある（耐震対策が行われていない）。	ステージ壁面には、スピーカー、無線機器などは無い。	―
コンクリートブロックの外壁や間仕切りが設置されている。	外壁やトイレにもブロック造の間仕切りなどは無く、危険はない。	―
その他、家具などの什器の固定。	什器は、すべて固定されている。	―

　表1に示すように、危険要因は ALC パネルの取り付けに関する事項1点であり、「危険な要因1(0.8)」欄に「ALC パネル挿入筋溶接不良」と記し、評価を 0.8、係数 30 を乗じて評点を 24 点とそれぞれ記入する。

　屋内運動場では、仕上げ材として長尺（長さ3 m 程度）の ALC パネルを用いている事例が多い（写真6参照）。この事例のように厚さ 100 mm の長尺材も挿入筋工法で、取り付け部分に不完全な溶接を行っている場合は、脱落の危険性が高いので、注意が必要である（写真7、写真8参照）。また、梁に取り付けた下地アングルを組み合わせて、間接的に挿入筋を取り付けるなどの複雑な方法も散見されるので、注意が必要である。

104　第 7 章　耐力度測定報告書作成例

写真 6　ALC パネルの脱落例

写真 7　不完全な ALC パネルの取り付け部の例 (a)

写真 8　不完全な ALC パネルの取り付け部の例 (b)

　さらに、モルタル仕上げでみられる、荒板下地などを採用している事例や金属下地を用いた事例では、面外方向の剛性が大幅に低い可能性があり、ひび割れの状況や打音検査、簡易音波検査などで慎重に調査する必要がある（写真 9 参照）。

写真 9　モルタル仕上げの外壁の脱落例

⑤　架構剛性性能：θ

　架構剛性は、耐震診断時に行った弾性応力解析の結果から、鉄骨部分の層間変位は、桁行 (X) 方向で 3.40 cm、張間 (Y) 方向が 1.94 cm であり、階高それぞれ 390 cm と 720 cm に対して 1/115 と 1/371 であり、最大 1/115 を架構剛性性能 θ に採用する。$1/120 \leqq \theta$ であることから、評点は 0.5 に係数 15 を乗じて 7.5 点となる。

⑥　不同沈下量：ϕ

　本建物は、既製コンクリート杭基礎で、各柱の 1 本以上配置されている。実態調査でも不同沈下は認められず、$\phi \leqq 1/500$ となり、評点は 10 点である。

⑦　火災による疲弊度：S

　これまでに火災経験がなく、「構造体の変質」、「非構造材全焼」、「非構造材半焼」、「煙害程度」の各被災面積は 0.0 m² である。したがって、被災率 $S = 0.0$ となり、評点は 1.0 点である。

⑧　地震等による被災歴：E

　平成 20 年 9 月に行った実態調査の時点では、被災したと考えられるような変質は認められず、建築主への聴取でも補修などを行っていないとのことであった。したがって、地震等による被災歴 $E = 1.0$、評価を 1.0、評点を 1.0 点とそれぞれ記入する。

　したがって、Ⓑ健全度は、
　　Ⓑ $= (0.0 + 5.0 + 10.0 + 24.0 + 7.5 + 10.0) \times \min(1.0,\ 1.0) = 56.5$　→　57 点
となる。

106　第7章　耐力度測定報告書作成例

7.2.3.3　立地条件

　耐力度調査票の©立地条件は、敷地環境などに関する5項目の係数の平均で評価し、0.8〜1.0の範囲で評点を求める。

① 地震地域係数

　建設地は東京都で、建設省告示第1793号（最終改正：平成19年国土交通省告示第597号）第1のZの数値が1.0に該当する。したがって、表5.2対応表（p.62参照）の一種地域に相当するので、地震地域係数は0.8となる。このように、地震地域係数は、Zの数値との対応が逆順であるので、必ずこの対応表で確認する必要がある。

表5.2　対応表

耐力度調査票		建設省（国土交通省）告示	
地震地域係数		地方	数値
四種地域	1.0	（4）	0.7
三種地域	0.9	（3）	0.8
二種地域	0.85	（2）	0.9
一種地域	0.8	（1）	1.0

② 地盤種別

　地盤種別は、解説によると、表2のように区分して照合することと指定されている。本建物の場合は第二種地盤であるので、係数0.9に○印を記入する。

表2　基礎の種類ごとの地盤種別

基礎の種類	区　　　分	本建物の場合
直接基礎		該当しない。
細長い杭基礎	基礎下の地盤種別により判断する。	ϕ 300、杭長7mの摩擦杭で細長い杭に相当するので、基礎下の地盤種別の第二種地盤を採用する。
剛強な杭基礎	杭先端の地盤種別により判断する。ボーリングデータにより確認する。 柱状図の写しを添付する必要有り。	該当しない。

③ 敷地条件

　敷地は平坦である。したがって、「平坦地」欄の係数1.0に○印を付ける。

④　積雪寒冷地域

　寒冷地ではないため、係数は 1.0 とする。

⑤　海岸からの距離

　海岸からは 8 km を超えて離れているため、係数を 1.0 とする。

　以上、Ⓒ立地条件 5 項目の係数の平均を求めると、評価は、

$$\text{Ⓒ} = (0.8 + 0.9 + 1.0 + 1.0 + 1.0)/5 = 0.94$$

となり、評点も 0.94 と記入する。

7.2.4　結果点数と耐力度

　耐力度は、Ⓐ構造耐力評点 × Ⓑ健全度評点 × Ⓒ立地条件評点で求める。これまでの結果から、

$$\text{耐力度} = 80 \times 57 \times 0.94 = 4286.4 \quad \rightarrow \quad 4286 \text{ 点}$$

となる。

付　　録

110 付　録

付1　公立学校施設費国庫負担金等に関する関係法令等の運用細目（抄）

平成 18 年 7 月 13 日 18 文科施第 188 号

（最終改正：令和 3 年 6 月 14 日 3 文科施第 88 号）

第 1　用語の意義

47　構造上危険な状態にある建物

　建物の骨組みが危険な状態にある建物をいう。この危険な状態の度合いは耐力度で表示し、この耐力度の測定は、建物の構造の種類の別及び建物の区分に従い、別表第 1、別表第 2、別表第 3 又は別表第 4 により構造耐力、健全度及び立地条件について行うものとする。

　ただし、耐力度調査票により耐力度を測定することができないとき又は適当でないと認められるときは、大学教授等の専門家の測定又は別に定める耐力度簡略調査票又は耐力度調査票（耐震診断未実施用）により、耐力度調査票に定める測定項目を当該建物の実態に即した適切な測定項目に置き換える等の方法で、構造耐力、健全度及び立地条件のそれぞれについて耐力度調査票に耐力度の測定を行うものとする。

　建物の耐力度を 10,000 点満点とし、木造の建物については耐力度おおむね 5,500 点以下、鉄筋コンクリート造、鉄骨造、補強コンクリートブロック造及びこれら以外の建物については耐力度おおむね 4,500 点以下になった建物が構造上危険な状態にある建物である。

　ただし、次のいずれかに該当する場合は、耐力度点数を 500 点緩和する。

⑴　特別支援学校の建物

⑵　豪雪地帯対策特別措置法（昭和 37 法律第 73 号）第 15 条の規定の適用のある学校の建物（木造のみ）

⑶　台風常襲地帯における災害の防除に関する特別措置法（昭和 33 年法律第 72 号）第 3 条の規定に基づき指定された台風常襲地帯に所在する学校の建物（木造のみ）

⑷　その他当該学校の実情及びその環境、立地条件等からその改築が真にやむを得ないと認められる建物

付　　録　111

付2　学校施設環境改善交付金交付要綱（抄）

平成 23 年 4 月 1 日 23 文科施第 3 号

（最終改正：令和 3 年 4 月 9 日 3 文科施第 20 号）

第1　通則

　義務教育諸学校等の施設費の国庫負担等に関する法律（昭和 33 年法律第 81 号。以下「法」という。）第 12 条第 1 項の規定に基づく交付金の交付に関しては、法、義務教育諸学校等の施設費の国庫負担等に関する法律施行規則（昭和 33 年文部省令第 21 号）、補助金等に係る予算の執行の適正化に関する法律（昭和 30 年法律第 179 号）及び補助金等に係る予算の執行の適正化に関する法律施行令（昭和 30 年政令第 255 号）その他関係法令等に定めるもののほか、この要綱に定めるところによる。

第2　定義

1　学校施設環境改善交付金

　地方公共団体が作成した法第 12 条第 2 項に規定する施設整備計画に基づく事業の実施に要する経費に充てるため、同条第 1 項の規定により国が交付する交付金をいう。

2　交付対象事業

　施設整備計画に基づき実施される別表 1 又は別表 2 に掲げる事業（他の法律又は予算制度に基づく国の負担又は補助を得て実施するものを除く。）をいう。

別表 1 （本土に係るもの）

項	事業区分	対象となる経費	配分基礎額の算定方法	算定割合
1	構造上危険な状態にある建物の改築	義務教育諸学校（小学校、中学校、義務教育学校、中等教育学校の前期課程並びに特別支援学校の小学部及び中学部をいう。以下同じ。）の建物（校舎、屋内運動場及び寄宿舎をいう。以下同じ。）で構造上危険な状態にあるものの改築（買収その他これに準ずる方法による取得を含む。以下同じ。）に要する経費	ア　校舎又は屋内運動場の場合 校舎又は屋内運動場のそれぞれについて、次に掲げる面積のうちいずれか少ない面積から第二号に掲げる面積のうち危険でない部分の面積を控除して得た面積に 1 平方メートル当たりの建築の単価を乗じたものとする。 一　改築を行う年度の 5 月 1 日における当該学校の学級数に応ずる必要面積 二　改築を行う年度の 5 月 1 日における保有面積	1/3 （算定割合の特例） ア　離島振興法（昭和 28 年法律第 72 号。以下「離島法」という。）第 7 条の規定の適用のある義務教育諸学校の建物にあっては 5.5/10 イ　奄美群島振興開発特別措置法（昭和 29 年法律第 189 号。以下「奄美法」という。）第 6 条の規定の適用のある義務教育諸学校の建物にあっては 5.5/10 ウ　豪雪地帯対策特別措置法（昭和 37 年法律第 73 号。以下「豪雪法」という。）

第 15 条の規定の適用のある小学校、中学校、義務教育学校及び中等教育学校の前期課程（以下「小学校等」という。）の分校の校舎及び屋内運動場にあっては 5.5/10

エ　豪雪法第 15 条の規定の適用のある小学校等の寄宿舎にあっては 5.5/10

オ　豪雪法第 2 条第 2 項の規定に基づく特別豪雪地帯に所在する小学校等の本校の校舎又は屋内運動場にあっては 5.5/10

カ　成田国際空港周辺整備のための国の財政上の特別措置に関する法律（昭和 45 年法律第 7 号。以下「成田財特法」という。）第 3 条の規定の適用のある小学校、中学校及び義務教育学校の建物にあっては 2/3

キ　地震防災対策強化地域における地震対策緊急整備事業に係る国の財政上の特別措置に関する法律（昭和 55 年法律第 63 号。以下「地震財特法」）第 4 条の適用のある小学校等の校舎にあっては 1/2

ク　過疎地域の持続的発展の支援に関する特別措置法（令和 3 年法律第 19 号。以下「過疎法」という。）第 2 条の規定に基づく過疎地域に所在する小学校等の建物にあっては 5.5/10、令和 8 年度までの間における特定市町村（過疎法附則第 5 条に規定する特定市町村をいう。以下同じ。）及び令和 9 年度までの間における特別特定市町村（同条に規定する特別特定市町村をいう。以下同じ。）に所在する小学校等の建物にあっては別記に定める算定割合、山村振興法（昭和 40 年法律第

イ　寄宿舎の場合

次に掲げる面積のうちいずれか少ない面積から第二号に掲げる面積のうち危険でない部分の面積を控除して得た面積に 1 平方メートル当たりの建築の単価を乗じたものとする。

一　児童又は生徒一人当たりの基準面積に改築を行う年度の 5 月 1 日における当該学校の児童又は生徒のうち当該改築後の寄宿舎に収容する児童又は生徒の数を乗じて得た面積

二　改築を行う年度の 5 月 1 日における保有面積

（算定方法の特例）

ウ　ア第二号に掲げる面積がア第一号に掲げる面積を超えるときで、かつ、次に掲げる特別の理由があるため、学級数に応ずる必要面積に基づく改築後の校舎又は屋内運動場が児童又は生徒の教育を行うのに著しく不適当であると認められるときは、同号に掲げる面積の 0.2 倍の面積以内において文部科学大臣が定める面積を加えた面積を、同号に掲げる面積とみなして算定するものとする。

一　学級数の増加が明らかなこと

二　文部科学大臣が特に認めた理由

エ　鉄筋コンクリート造以外の構造の建物に関しては、保有面積について、校舎又は寄宿舎の保有面積のうち鉄筋コンクリート造以外の構造に係る部分の面積について、これに 1.02 を乗じて行うものとする。

オ　鉄筋コンクリート造以外の構造の建物に関しては、

			１平方メートル当たりの建築の単価に乗ずべき面積について、当該面積のうち鉄筋コンクリート造以外の構造の校舎又は寄宿舎に充てようとする部分の面積について、これを1.02で除して行うものとする。 カ　積雪寒冷地にある学校の学級数に応ずる必要面積については、運用細目に定めるところにより、当該学校の所在地の積雪寒冷地に応じ、必要な補正を加えるものとする。	64号）第7条の規定に基づく振興山村（地方交付税法（昭和25年法律第211号）第14条の規定により算定した基準財政収入額を同法第11条の規定により算定した基準財政需要額で除して得た数値で補助年度前3箇年度内の各年度に係るものを合算したものの3分の1の数値（以下「財政力指数」という。）が0.40未満である市町村の区域内にあるものに限る。以下同じ。）に所在する小学校等の建物にあっては5.5/10 ケ　原子力発電施設等立地地域の振興に関する特別措置法（平成12年法律第148号。以下「原発特措法」という。）第7条の規定の適用のある小学校等の建物にあっては5.5/10 コ　駐留軍等の再編の円滑な実施に関する特別措置法（平成19年法律第67号。以下「駐留軍再編特別措置法」という。）第11条の規定の適用のある小学校等の建物にあっては5.5/10
2	長寿命化改良事業	小学校、中学校、義務教育学校、中等教育学校の前期課程、特別支援学校及び幼稚園の建物（幼稚園にあっては園舎。以下同じ。）で構造体の劣化対策を要する建築後40年以上経過したものの長寿命化改良に要する経費	文部科学大臣が必要と認める面積等に1平方メートル当たりの建築の単価等を乗じたものとする。	1/3
		小学校、中学校、義務教育学校、中等教育学校の前期課程、特別支援学校及び幼稚園の建物で建築後20年以上であるものの長寿命化を図るための予防的な改修に要する経費	文部科学大臣が必要と認める額とする。	1/3

114　付　　録

別表2（沖縄に係るもの）

項	事業区分	対象となる経費	配分基礎額の算定方法	算定割合
1	構造上危険な状態にある建物の改築	小学校、中学校及び義務教育学校の建物で構造上危険な状態にあるもののうち、建築後35年未満のもの（ただし、同一の学校において、建築後35年未満の建物と建築後35年以上の建物の改築を同時に行う場合には、建築後35年以上の建物も含む。）の改築に要する経費	ア　校舎又は屋内運動場の場合 校舎又は屋内運動場のそれぞれについて、次に掲げる面積のうちいずれか少ない面積から第二号に掲げる面積のうち危険でない部分の面積を控除して得た面積に1平方メートル当たりの建築の単価を乗じたものとする。 　一　改築を行う年度の5月1日における当該学校の学級数に応ずる必要面積 　二　改築を行う年度の5月1日における保有面積 イ　寄宿舎の場合 次に掲げる面積のうちいずれか少ない面積から第二号に掲げる面積のうち危険でない部分の面積を控除して得た面積に1平方メートル当たりの建築の単価を乗じたものとする。 　一　児童又は生徒一人当たりの基準面積に改築を行う年度の5月1日における当該学校の児童又は生徒のうち当該改築後の寄宿舎に収容する児童又は生徒の数を乗じて得た面積 　二　改築を行う年度の5月1日における保有面積 （算定方法の特例） ウ　ア第二号に掲げる面積がア第一号に掲げる面積を超えるときで、かつ、次に掲げる特別の理由があるため、学級数に応ずる必要面積に基づく改築後の校舎又は屋内運動場が児童又は生徒の教育を行うのに著しく	7.5/10

不適当であると認められるときは、同号に掲げる面積の0.2倍の面積以内において文部科学大臣が定める面積を加えた面積を、同号に掲げる面積とみなして算定するものとする。
　一　学級数の増加が明らかなこと
　二　文部科学大臣が特に認めた理由
エ　鉄筋コンクリート造以外の構造の建物に関しては、保有面積について、校舎又は寄宿舎の保有面積のうち鉄筋コンクリート造以外の構造に係る部分の面積について、これに1.02を乗じて行うものとする。
オ　鉄筋コンクリート造以外の構造の建物に関しては、1平方メートル当たりの建築の単価に乗ずべき面積について、当該面積のうち鉄筋コンクリート造以外の構造の校舎又は寄宿舎に充てようとする部分の面積について、これを1.02で除して行うものとする。

116　付　　録

付3　建築基準法施行令に基づく Z の数値、Rt 及び Ai を算出する方法並びに地盤が著しく軟弱な区域として特定行政庁が指定する基準（抄）

昭和 55 年 11 月 27 日建設省告示第 1793 号

（最終改正：平成 19 年 5 月 18 日国土交通省告示第 597 号）

第1　Z の数値

Z は、次の表の上欄に掲げる地方の区分に応じ、同表下欄に掲げる数値とする。

	地方	数値
(1)	（2）から（4）までに掲げる地方以外の地方	1.0
(2)	北海道のうち 　札幌市　函館市　小樽市　室蘭市　北見市　夕張市　岩見沢市　網走市　苫小牧市　美唄市　芦別市　江別市　赤平市　三笠市　千歳市　滝川市　砂川市　歌志内市　深川市　富良野市　登別市　恵庭市　伊達市　札幌郡　石狩郡　厚田郡　浜益郡　松前郡　上磯郡　亀田郡　茅部郡　山越郡　檜山郡　爾志郡　久遠郡　奥尻郡　瀬棚郡　島牧郡　寿都郡　磯谷郡　虻田郡　岩内郡　古宇郡　積丹郡　古平郡　余市郡　空知郡　夕張郡　樺戸郡　雨竜郡　上川郡（上川支庁）のうち東神楽町、上川町、東川町及び美瑛町　勇払郡　網走郡　斜里郡　常呂郡　有珠郡　白老郡 青森県のうち 　青森市　弘前市　黒石市　五所川原市　むつ市　東津軽郡　西津軽郡　中津軽郡　南津軽郡　北津軽郡　下北郡 秋田県 山形県 福島県のうち 　会津若松市　郡山市　白河市　須賀川市　喜多方市　岩瀬郡　南会津郡　北会津郡　耶麻郡　河沼郡　大沼郡　西白河郡 新潟県 富山県のうち 　魚津市　滑川市　黒部市　下新川郡 石川県のうち 　輪島市　珠洲市　鳳至郡　珠洲郡 鳥取県のうち 　米子市　倉吉市　境港市　東伯郡　西伯郡　日野郡 島根県 岡山県 広島県 徳島県のうち 　美馬郡　三好郡 香川県のうち 　高松市　丸亀市　坂出市　善通寺市　観音寺市　小豆郡　香川郡　綾歌郡　仲多度郡　三豊郡 愛媛県 高知県 熊本県（（3）に掲げる市及び郡を除く。） 大分県（（3）に掲げる市及び郡を除く。） 宮崎県	0.9

(3)	北海道のうち 　旭川市　留萌市　稚内市　紋別市　士別市　名寄市　上川郡（上川支庁）のうち鷹栖町、当麻町、 　比布町、愛別町、和寒町、剣淵町、朝日町、風連町及び下川町　中川郡（上川支庁）増毛郡 　留萌郡　苫前郡　天塩郡　宗谷郡　枝幸郡　礼文郡　利尻郡　紋別郡 山口県 福岡県 佐賀県 長崎県 熊本県のうち 　八代市　荒尾市　水俣市　玉名市　本渡市　山鹿市　牛深市　宇土市　飽託郡　宇土郡　玉名郡　鹿本 　郡　葦北郡　天草郡 大分県のうち 　中津市　日田市　豊後高田市　杵築市　宇佐市　西国東郡　東国東郡　速見郡　下毛郡　宇佐郡 鹿児島県（名瀬市及び大島郡を除く。）	0.8
(4)	沖縄県	0.7

118 付　録

付4　義務教育諸学校等の施設費の国庫負担等に関する法律（抄）

昭和33年4月25日法律第81号

（最終改正：平成27年7月8日号外法律第52号）

（目的）

第1条　この法律は、公立の義務教育諸学校等の施設の整備を促進するため、公立の義務教育諸学校の建物の建築に要する経費について国がその一部を負担することを定めるとともに、文部科学大臣による施設整備基本方針の策定及び地方公共団体による施設整備計画に基づく事業に充てるための交付金の交付等について定め、もつて義務教育諸学校等における教育の円滑な実施を確保することを目的とする。

（交付金の交付等）

第12条　国は、地方公共団体に対し、公立の義務教育諸学校等施設に係る改築等事業の実施に要する経費に充てるため、その整備の状況その他の事項を勘案して文部科学省令で定めるところにより、予算の範囲内で、交付金を交付することができる。

2　地方公共団体は、前項の交付金の交付を受けようとするときは、施設整備基本計画に即して、当該地方公共団体が設置する義務教育諸学校等施設の整備に関する施設整備計画を作成しなければならない。

3　施設整備計画においては、次に掲げる事項を記載しなければならない。

一　施設整備計画の目標

二　前号の目標を達成するために必要な改築等事業に関する事項

三　計画期間

四　その他文部科学省令で定める事項

4　地方公共団体は、施設整備計画を作成し、又はこれを変更したときは、遅滞なく、これを公表するとともに、文部科学大臣（市町村（特別区を含む。以下この項において同じ。）にあつては、当該市町村の属する都道府県の教育委員会を経由して文部科学大臣）に提出しなければならない。

付5 義務教育諸学校等の施設費の国庫負担等に関する法律施行令（抄）

昭和 33 年 6 月 27 日政令第 189 号

（最終改正：平成 30 年 3 月 22 日号外政令第 52 号）

（学級数に応ずる必要面積）

第7条

5　法第 6 条第 1 項後段の規定に基づき当該学校の所在地の積雪寒冷度に応じて行うべき補正は、一級積雪寒冷地域又は二級積雪寒冷地域にある学校の校舎又は屋内運動場について、文部科学大臣が財務大臣と協議して定める面積を加えて行うものとする。

120　付　　録

付6　義務教育諸学校等の施設費の国庫負担等に関する法律施行規則（抄）

昭和33年8月8日政令第21号

（最終改正：令和3年6月14日号外政令第33号）

（交付金の交付等）

第7条　法第12条第1項の交付金（次項及び次条において単に「交付金」という。）の交付の対象となる施設は、公立の義務教育諸学校等施設（法第11条第1項に規定する義務教育諸学校等施設をいう。以下同じ。）とする。ただし、高等学校等（同項に規定する高等学校等をいう。）の施設については、特別支援学校の高等部の施設、奄美群島（奄美群島振興開発特別措置法（昭和29年法律第189号）第1条に規定する奄美群島をいう。）及び沖縄県に所在する施設、産業教育振興法（昭和26年法律第228号）第2条に規定する産業教育のための施設その他文部科学大臣が必要と認める施設に限るものとする。

2　交付金は、施設整備計画（法第12条第2項に規定する施設整備計画をいう。以下この条及び次条において同じ。）に記載された事業のうち交付金の算定の対象となる事業（以下この項において「交付対象事業」という。）について次の各号に掲げる額のうちいずれか少ない額を合計した額を基礎として、予算の範囲内で交付する。

　一　交付対象事業ごとに文部科学大臣が定める配分基礎額に当該事業ごとに文部科学大臣が定める割合を乗じて得た額

　二　交付対象事業に要する経費の額に当該事業ごとに文部科学大臣が定める割合を乗じて得た額

3　法第12条第3項第4号の文部科学省令で定める事項は、次に掲げる事項とする。

　一　施設整備計画の名称

　二　施設整備計画の目標の達成状況に係る評価に関する事項その他文部科学大臣が必要と認める事項

「既存鉄筋コンクリート造・鉄骨造・木造・補強コンクリートブロック造
学校建物の耐力度測定方法」
編集委員会執筆委員
■第二次改訂版執筆委員（敬称略50音順）
　　梅園　雅一（(有) 万建築設計事務所）
　　岡田　健良（(有) アフェクト設計事務所）
　　腰原　幹雄（東京大学）
　　中埜　良昭（東京大学）
　　西田　哲也（秋田県立大学）
　　松川　和人（東京大学）
　　山田　　哲（東京大学）

（改訂版作成当時）
□執筆委員（敬称略50音順）
　　大井　謙一（東京大学）
　　岡田　恒男（芝浦工業大学）
　　岡本　哲美（(株) 巴コーポレーション）
　　木村　秀雄（(有) 万建築設計事務所）
　　高梨　晃一（千葉大学）
　　中埜　良昭（東京大学）

（初版作成当時）
□執筆委員（敬称略50音順）
　　青山　博之（東京大学）
　　東　　洋一（東京都立大学）
　　岡田　恒男（東京大学）
　　加藤　　勉（東京大学）
　　木村　秀雄（(有) 万建築設計事務所）
　　久保寺　勲（(株) 巴組鉄工所）
　　高梨　晃一（東京大学）
　　高橋　正恒（高橋茂弥建築設計事務所）
　　羽倉　弘人（千葉工業大学）
　　村上　雅也（千葉大学）

サービス・インフォメーション

――――――――――― 通話無料 ―――――――――――

①商品に関するご照会・お申込みのご依頼
　　　　　　TEL 0120 (203) 694／FAX 0120 (302) 640

②ご住所・ご名義等各種変更のご連絡
　　　　　　TEL 0120 (203) 696／FAX 0120 (202) 974

③請求・お支払いに関するご照会・ご要望
　　　　　　TEL 0120 (203) 695／FAX 0120 (202) 973

●フリーダイヤル（TEL）の受付時間は、土・日・祝日を除く
　9：00〜17：30です。
●FAXは24時間受け付けておりますので、あわせてご利用ください。

既存（鉄筋コンクリート造／鉄骨造／木造／補強コンクリートブロック造）学校建物の耐力度測定方法〈第二次改訂版〉

1983年 9 月30日　初版発行
2001年 7 月30日　改訂版発行
2018年 5 月20日　第二次改訂版発行
2022年 1 月25日　第二次改訂版第2刷発行

編　集　既存鉄筋コンクリート造・鉄骨造・木造・

　　　　補強コンクリートブロック造

　　　　学校建物の耐力度測定方法編集委員会

発行者　田　中　英　弥

発行所　第一法規株式会社
　　　　〒107-8560　東京都港区南青山2-11-17
　　　　ホームページ　https://www.daiichihoki.co.jp/

（鉄筋コンクリート造・鉄骨造・木造・補強コンクリートブロック造
セット・分売不可）

学校耐力二改　ISBN978-4-474-06350-1　C2037　（3）